Cornelia Mack

Endlich mehr Zeit
Freiräume im Alltag schaffen

Cornelia Mack

Endlich mehr Zeit

Freiräume im Alltag schaffen

SCM Hänssler

SCM

Stiftung Christliche Medien

Bestell-Nr. 394.785
ISBN 978-3-7751-4785-9

© Copyright der deutschen Ausgabe 2009 by
SCM Hänssler im SCM-Verlag GmbH & Co. KG ·
71088 Holzgerlingen
Internet: www.scm-haenssler.de
E-Mail: info@scm-haenssler.de
Umschlaggestaltung: OHA Werbeagentur GmbH, Grabs,
Schweiz; www.oha-werbeagentur.ch
Titelbild: shutterstock.com
Satz: typoscript GmbH, Kirchentellinsfurt
Illustrationen: Rainer Holweger, Tübingen; www.holy-art.de
Druck und Bindung: CPI – Ebner & Spiegel, Ulm
Printed in Germany

Inhalt

Vorwort

Zeit ist kostbarer als Geld und Zeit ist der Stoff, aus dem unser Leben ist.

Doch viele sind mit der Erfahrung und Gestaltungsmöglichkeit ihrer Zeit nicht wirklich zufrieden, leiden unter zu wenig oder zu viel Zeit, unter Zeitdruck und überfüllter Zeit oder aber unter dem Gegenteil – unter Langeweile, unter dem Gefühl von Ereignis- und Sinnlosigkeit, unter unerfüllter Zeit.

Wenn man heutige Zeitgenossen fragen würde, was sie sich im Blick auf ihre Zeit wünschen, würden die Antworten ungefähr so lauten:

> »Ich wünsche mir, dass ich das, was mir wirklich wichtig ist, in meiner Zeit auch leben und gestalten kann.«

> »Ich wünsche mir, wirklich da sein zu können, ganz bewusst die Gegenwart zu erleben, also jeden Moment richtig intensiv erleben zu können.«

> »Ich wünsche mir, dass ich mit Menschen, die mir etwas bedeuten, Zeit verbringen kann.«

> »Ich wünsche mir, dass sich Interessantes in meiner Zeit ereignen kann.«

Damit wir mit dem eigenen Zeiterleben zufrieden sein können, damit wir wirklich in der Gegenwart ankommen, brauchen wir eine geklärte Beziehung zu unserer Vergangenheit und einen befreiten Blick auf unsere Zukunft.

Nur so können wir »da« sein, im Moment sein, offen sein für das, was sich heute und hier in unserem Leben ereignen will.

Freiräume im Alltag erleben wir am ehesten da, wo wir für Erfahrungen mit Gott und für die Begegnung mit Menschen bereit sind. Wo Gott in unser Leben hineinwirken kann, in unserem Leben erfahrbare Wirklichkeit wird, können wir mit wachsamem Herzen durch das Leben gehen und wahrnehmen, wohin Gott uns führen, wo er uns gebrauchen und einsetzen möchte.

Also: Aufmerksam in diesem Leben stehen, bereit, auf Gott zu hören und ihm zu dienen und darin erfülltes Leben zu gestalten.

In diesem Buch geht es weniger um Zeitmanagement als darum,

- wie wir Zeitsouveränität gewinnen können.
- wie wir das Leben und den Sinn unseres Lebens *in* der Zeit entdecken können.
- wie wir mit unserem Erleben und Gestalten von Zeit in unserem Leben glücklich werden können.
- wie wir unnötigen Ballast der Vergangenheit abwerfen und von falschen und belastenden Vorstellungen im Blick auf die Zukunft frei werden können.

1. Zeiterfahrungen

Überfüllte Zeit

Viele Menschen leiden darunter, das eigentlich Wichtige nicht tun zu können, sondern viel zu häufig fremdbestimmt zu sein. Sie haben den Eindruck, lange nicht alles, was sie sich eigentlich wünschen würden, in einem Tag unterzubringen.

Viele haben das Gefühl, in einen Strudel geraten zu sein, in dem sich alles ständig beschleunigt, multipliziert und vergleichzeitigt.

Die technologischen Entwicklungen und die weltweite Verflechtung von Systemen, Märkten und Kulturen in unserer globalisierten Welt sind ein Grund dafür. Dabei sind diese Veränderungen nicht nur zu beklagen, manches hat sich auch verbessert: die Schnelligkeit der Transportmittel oder der Essenszubereitung; die Kommunikationsübermittlung durch Internet und Handy; die vielen Optionen, die sich uns im Warenangebot, in der Mode, in der Meinungsfindung oder in den Gestaltungsmöglichkeiten unserer Freizeit anbieten.

Viele sagen darum: »Wenn ich doch nur mehr Zeit hätte, um das alles zu nutzen.« 40 bis 60 Prozent der Erwachsenen in Deutschland klagen über ständigen

Zeitmangel oder wünschen sich einen 30-Stunden-Tag, um endlich genug Zeit für alles zu haben.

Um ihre Zeit in den Griff zu bekommen, versuchen vielbeschäftigte Zeitgenossen deshalb das Arbeitstempo zu erhöhen und vieles gleichzeitig und nebeneinander her zu erledigen, sogenanntes *Multitasking*. Zum Glück gibt es ein vielfältiges Angebot an Zeitplanbüchern oder PC-Programmen, die helfen können, die Zeit besser in den Griff zu bekommen und sich in aller Hektik noch Freiräume zu schaffen.

Die Beobachtung bleibt aber trotzdem, dass der Versuch, sich das Leben durch »Vergleichzeitigung« optimal einzurichten, oft zum gegenteiligen Ergebnis führt: Freudlosigkeit und Unfähigkeit, zu genießen oder gegenwärtig zu sein. Bei allen Versuchen, Zeit zu sparen oder zu managen, nimmt die Hektik bei vielen Menschen zu. Gesundheitsstatistiken zeigen, dass Stress die Hauptursache für viele Zivilisationskrankheiten ist.

Zwei Gründe für diese Entwicklung will ich hier nennen:

Die Komplexität unserer Welt überfordert

Unsere Welt hat sich sehr komplex entwickelt. Zukunftsforscher sehen darin große Chancen[1], denn vielen Menschen stehen dadurch viel mehr Möglichkeiten offen als früher. Immer größere Flexibilität in den Lebensläufen, im Zeitmanagement und in der Alltagsorganisation verhilft zu einer individuellen Lebensgestaltung.

Doch das Lebensgefühl »Nicht alles hat seine Zeit, sondern alles zu jeder Zeit, überall und sofort« zwingt zugleich in einen Lebensstil, der viele überfordert.

Das Leben in der beschleunigten und digitalisierten Welt kostet viel Kraft, manchmal mehr als wir haben. Die Informationsüberflutung und die ständige Forderung nach Mehrgleisigkeit, Mehrfachtätigkeit und Gleichzeitigkeit führen vor allem in Berufen und Arbeitsfeldern, in denen die Aufgabenbeschreibungen nicht klar formuliert oder abgegrenzt sind, häufig zu Burn-out. Menschen in sozialen Berufen wie Pfarrer, Sozialarbeiter, Lehrer, Erzieher, Krankenpfleger usw., die sich für Menschen und deren Probleme engagieren, sind relativ häufig von Burn-out betroffen. Diese Tendenz ist in den letzten Jahren gestiegen. Ein Grund dafür ist auch, dass immer mehr Menschen in Teilzeitstellen beschäftigt sind: 50 Prozent hier und 50 Prozent dort oder sogar eine Arbeitsaufteilung von 40 Prozent – 30 Prozent – 30 Prozent. Wann 50 Prozent der Arbeitszeit geleistet sind, ist aber nicht nur von der geleisteten Stundenzahl abhängig, sondern auch von dem Gefühl, genug getan zu haben. Ein geteilter Arbeitsauftrag lässt häufig ein unbefriedigtes Gefühl zurück, weil man sich ja schon laut Vertrag nicht voll und ganz, sondern eben nur »halb« und damit vielleicht auch *halbherzig* für seine Arbeit einsetzen und einbringen kann.

Die Vervielfältigung der Möglichkeiten und Angebote setzt viele Menschen unter Stress: *Multi*(=viel) *options*(=Möglichkeiten)*stress*, der Stress der vielen Möglichkeiten, die zu ständigen Entscheidungen zwingen. Die vielen Optionen sind einerseits eine große Chance, doch letztlich machen sie nicht zufriedener, sondern hinterlassen eher ein Gefühl von Zerrissenheit, Unsicherheit und Unzufriedenheit: *Woher nehme ich die Gewissheit, dass ich mich*

im »Markt der vielen Möglichkeiten« und Angebote
richtig entschieden habe? Hätte ich etwas anderes tun,
auswählen oder weglassen sollen? Oder hätte ich meh-
reres gleichzeitig auf mich nehmen sollen?

Bereits im Jahr 1999 waren bei einer Umfrage amerikanische Jugendliche der Meinung, sie hätten eine
härtere Jugend als ihre Eltern. Begründung war »too
muchness«: von allem zu viel – zu viel Aktivitäten,
zu viel Konsum, zu viel Lernen.[2]

Vergleichsdruck oder das Gefühl, möglicherweise
etwas zu versäumen oder eine falsche Entscheidung
zu treffen, führen dazu, dass Menschen in der perma-
nenten Sorge leben, zur falschen Zeit am falschen Ort
zu sein und darum das Falsche zu tun. Sie werden
innerlich zerrissen und unruhig.

Solche Versäumnisängste werden von der Werbung
und den Medien gezielt benutzt, um uns Entscheidungen angeblich abzunehmen, uns innerlich zu entlas-
ten und damit unsere Lebensqualität zu erhöhen. Son-
derangebote buhlen um unsere Aufmerksamkeit und
sollen uns das Gefühl vermitteln, etwas Wichtiges zu
versäumen, wenn wir nicht schnellstmöglich darauf
reagieren: »Nur noch heute 10 Prozent auf alles …«

Verlust von Lebensrhythmen macht unzufrieden

Unser Leben ist schon von der Schöpfungsordnung Gottes her auf Rhythmus angelegt: Saat und Ernte, Tag und Nacht, Schlafen und Wachen, sechs Tage Arbeit und ein Tag Ruhe. Dazu der Rhythmus der Jahreszeiten und des Kirchenjahres, das den Jahreslauf mit Fasten und Feiern prägen soll.

Früher lebten Menschen mehr als heute in diesem Rhythmus. Es gab Fastenzeiten und andere, in denen man feiern konnte. Heute finden das ganze Jahr über laute Feste statt, selbst am Karfreitag. Musik und Tanz sowie reichhaltiges Essen gab es früher in den Fastenzeiten nicht, umso mehr freute man sich auf die Zeiten des Feierns. Heute gibt es das ganze Jahr über die Möglichkeit zum Schlemmen. Ebenso werden die natürlichen Rhythmen unserer Breitengrade durch den weltweiten Handel aufgelöst: Im Winter Erdbeeren, im Sommer Orangen kaufen ist zwar teurer, aber möglich.

Was für das Jahr zutrifft, gestaltet sich ähnlich für die Woche. Früher war der Sonntag in gewissem Sinn noch »heilig«, unantastbar. Durch den wachsenden Freizeitboom müssen immer mehr Einrichtungen geöffnet haben. Die Zahl der Sonntagsarbeiter steigt beständig. Auch Regierungen treffen sich inzwischen sonntags zu Sitzungen. Der Sonntag als einzelner besonderer Tag ist in der Regel nicht mehr im Blickfeld der Menschen. Wer wünscht sich noch einen »guten Sonntag«? Meist hören wir nur noch »Ein schönes Wochenende!« – das ist der Untergang des Sonntags im Wochenende.

Was für das ganze Jahr und für die Woche galt, das galt auch für den Tagesablauf. Paul Gerhardt hat noch gedichtet: »Nun ruhen alle Wälder, Vieh, Menschen, Städt' und Felder; es schläft die ganze Welt.« Heute müsste er singen: Nun ruhen alle Wälder, das Vieh vielleicht auch, aber in den Fabriken wird geschichtet; das Fernsehprogramm läuft die ganze Nacht hindurch.

Die Jederzeit-Gesellschaft oder die 24/7-Gesellschaft erwartet 24 Stunden am Tag und 7 Tage in der Woche Bereitschaft. Ladenöffnungszeiten, Arbeitszeiten, Sendezeiten – alles wird flexibel und jederzeit verfügbar. Einen Sendeschluss bei Radio- oder Fernsehprogrammen gibt es nicht mehr. Durch die Ausdehnung unserer Aktivitäten werden traditionelle Wochen-, Monats- und Jahresstrukturen aufgelöst oder zumindest gelockert.

Doch Gott hat in der Schöpfungsordnung und in den Zehn Geboten dem Menschen den Ruhetag geschenkt, um einen behutsamen Umgang mit den eigenen Kräften und Ressourcen zu pflegen. Das dient der Erhaltung der eigenen Lebenskraft und somit immer auch den Mitmenschen.

Und es verhilft dazu, dass wir vom ständigen Kreisen um uns selbst und um unsere Arbeit wegkommen. Gott vollendete sein Werk in der Ruhe. Darum muss auch der Mensch sich nicht nur über Arbeit und Leistung definieren, er braucht den Ruhetag und das Gespräch mit Gott. Der Tag der Ruhe und der Ehre Gottes schafft die so dringend notwendigen Freiräume im Alltag. Dieses Gebot bedeutet, dass auch unsere Arbeit Gott gehört und dass sie begrenzt ist. Sie darf nie oberste Priorität unseres Lebens sein.

Die Abschaffung oder Missachtung der gottgegebenen Rhythmen rächt sich, macht unkonzentriert. Konzentriert sein bedeutet vom Wortsinn her, sich um eine Mitte versammeln. Genau dazu ist der von Gott gegebene Rhythmus gedacht. Ein Leben aus der Mitte. Wer seine Mitte – das Sein vor Gott – verloren hat, ist zerrissen und unzufrieden.

Die Folgen von pausenlosem Arbeiten, zu wenig Schlaf und ständig steigenden Erwartungen sind Kraftlosigkeit, Unfähigkeit zur Konzentration, Kreativitätsverlust bis hin zur körperlichen oder psychischen Krankheit.

Unerfüllte Zeit

Nicht alle wünschen sich mehr Zeit. Es gibt eine andere Gruppe unter uns, die unter dem gegenteiligen Problem leidet. Diese Menschen sagen:

»Mir wird die Zeit zu lang.«

»Was soll ich nur mit meiner Zeit anfangen?«

»Ich habe zu viel Zeit.«

Gefühle von Langeweile, Monotonie oder Einsamkeit sind ihr täglicher Begleiter, sie leiden unter Unterforderung oder dem Gefühl, am falschen Platz zu sein, mit ihren Gaben und Fähigkeiten nicht gesehen zu werden und sich darum nicht entfalten zu können. Sie haben zu wenig Sozialkontakte, zu wenig Aufgaben und fühlen sich nutzlos.

Oft geht solch ein Erleben oder Zeitempfinden mit großen Umbrüchen im Leben einher wie z. B.:

- Arbeitslosigkeit oder Eintritt in den Ruhestand,
- Verlust einer Beziehung durch Tod oder Scheidung,
- Umzug und dadurch Verlust von Freunden und Beziehungen,
- Verlust von Aufgaben oder Freizeitmöglichkeiten bei Krankheit oder äußeren Veränderungen.

In solchen Zeiten der Einsamkeit oder des Alleinseins kommen Sehnsüchte hoch: Wünsche nach Nähe und Gemeinschaft. Die Sehnsucht danach, gefordert zu werden. Hoffnung auf Erfüllung oder Beschäftigung, letztlich auf Sinn, sinnerfüllte Zeit, sinnvolles Leben.

Wer sich dem nicht stellt und solche Zeiten nutzt, um sich selbst besser kennenzulernen und dann auch nach neuen Horizonten Ausschau zu halten, ist schnell in der Gefahr, die negativen Gefühle und die unangenehmen Empfindungen durch übermäßigen Fernseh- oder Computergebrauch zuzudecken. Diese Beschäftigungen können dann ähnlich wie Alkohol, Tabletten zur Stimmungsaufhellung, Einkaufen oder Putzen aus Langeweile u. Ä. zum Suchtmittel werden.

Schnell stellen sich dann Gefühle der Sinnlosigkeit, der Ohnmacht, der niedrigen Selbsteinschätzung ein. (Mehr dazu auf S. 109ff.)

Egal wie wir unsere Zeit erleben oder empfinden, ob wir eher zu den Gestressten oder zu den Gelangweilten gehören – alle wünschen sich sinnvoll gestaltete Zeit, in der wir Freude und Inhalt, eben Sinn erleben.

Denn es ist die tiefste Lebensberufung eines jeden Menschen, einen Platz mit Sinn im Leben zu entdecken und auszufüllen.

Dazu gehört die Erfahrung, unsere Zeit so gestalten zu können, dass wir uns weder überfordert noch unterfordert fühlen.

Unser Leben geschieht in den Dimensionen von Zeit und Raum. *Zeit ist Leben* oder anders gesagt: In der Zeit, die Gott uns zugemessen hat, soll sich Leben mit Sinn ereignen.

Dies gelingt nur, wenn wir unser Leben und damit auch unsere Zeit in Beziehung zu dem setzen, der Herr über Raum und Zeit ist. Wir haben keine letzte Verfügung über unsere Zeit. Die hat nur Gott, alle unsere Zeit ist Geschenk aus seiner Hand, ja sie steht in seinen Händen (Psalm 31,16). Er weiß um Anfang und Ende. Unter dieser Perspektive und unter diesem Vorzeichen muss alles Nachdenken und Gestalten der eigenen Zeit geschehen, sonst verlieren wir den Rahmen und den Bezugspunkt, der dem Leben erst Qualität, Tiefe und wirklichen Sinn verleiht.

2. Zeit-Lügen

Lüge Nummer 1: Ich habe keine Zeit

Dies ist ein häufig geäußerter oder gehörter Satz. Doch stimmt er wirklich?

Wir wissen alle: Zeit kann weder verloren noch gewonnen werden, wir haben am Ende immer genau gleich viel Zeit. Jeder Mensch hat 24 Stunden Zeit am Tag, von Gott geschenkte Zeit, egal ob Regierungspräsident oder Zeitungsausträgerin, Krankenschwester oder Konzernmanager. Wie wir diese Zeit füllen, hängt zum einen von äußeren Vorgaben ab, aber auch davon, was wir für wichtig erachten und was nicht, wofür wir uns in Beruf, Familie und Freizeit Zeit nehmen und wofür nicht.

Mit dem Satz »Ich habe keine Zeit« machen wir deutlich, dass wir bestimmte Prioritäten in unserem Leben gesetzt haben. Wir geben einer Sache Vorrang vor einer anderen. Das eine ist uns wichtiger als das andere und leitet uns in unseren Aussagen und Entscheidungen.

Wenn wir sagen »Ich habe keine Zeit«, dann meinen wir unterschiedliche Dinge damit:

- Ich kann mich *jetzt* nicht damit befassen, dafür aber später.
- Ich will oder kann *dafür* keine Zeit verwenden.

- Ich habe kein Interesse *daran* oder an *dir*.
- Ich muss andere Schwerpunkte setzen.

Wenn uns die Worte »keine Zeit« häufig über die Lippen kommen, sollten wir unser Verhalten zur Zeit oder unser Denken über Zeit verändern. Letztendlich will ja jeder die gegebene Zeit so gestalten, dass sich dabei Zufriedenheit einstellt, dass die Schwerpunkte, die wichtig sind, berücksichtigt werden. Wir wollen nicht gelebt werden, nicht ständig gestresst sein, nicht ständig wie ein 1 000-Meter-Läufer atemlos den Ereignissen unseres Lebens hinterherhecheln, sondern in unserem Leben wirklich ankommen, in inneren und äußeren Freiräumen aufatmen können.

Lüge Nummer 2: Zeit ist Geld

Vielleicht hat dieser Satz seinen Ursprung in der Zeit der großen Inflation, als das Geld, das ausbezahlt wurde, nach ein paar Stunden schon nichts mehr wert war und man nichts mehr dafür kaufen konnte. Also musste man sich beeilen, das Geld auszugeben, solange es noch etwas wert war.

Andere definieren den Satz so: Was Zeit in Anspruch nimmt, kostet Geld. Jede freie Minute sollte darum sinnvoll genutzt werden.

Wer den Satz »Zeit ist Geld« im Mund führt, meint damit, dass Zeitverschwendung ineffizient ist. Sie verzögert Produktionsprozesse, also kostet sie bares Geld.

Doch können wir unsere Tätigkeiten nur unter dem Gesichtspunkt der Wirtschaftlichkeit und des Wachstums sehen?

Gibt es nicht auch gefüllte und kostbare Zeit, ohne dass ich dafür einen Cent einsetzen muss?

Zeit mit Menschen beim Spielen, beim Reden und Zuhören, beim gemeinsamen Arbeiten.

Redewendungen wie *Zeit sparen*, *keine Zeit haben*, *Zeit gewinnen*, *Zeit verlieren*, *Zeitdruck* und zahllose andere Aussprüche machen deutlich, wie unsinnig dieses Denken ist. Denn *Zeit* ist kein Ding. Wir können Zeit nicht mit Geld gleichsetzen.

- Wenn Zeit Geld wäre, müssten Rentner, Arbeitslose und Kinder ziemlich reich sein bzw. müssten reiche Leute auch unendlich lange leben.
- Selbst wenn ich mithilfe von Geld andere für mich arbeiten lasse, bekomme ich dadurch nicht mehr Zeit am Tag. Ich kann nur meine Zeit anders füllen.
- Manche denken auch: »Wenn ich viel arbeite und dadurch viel Geld ansammle, kann ich eines Tages, wenn ich im Ruhestand bin, mein

Leben genießen.« Doch solche Ziele bleiben immer in der Zukunft. Und sie rücken in immer weitere Ferne. Die Zeit bis zum Erreichen des Zieles wird dann oft als mühsam und als »verlorene Jahre« gesehen. Solche verlorenen Jahre kann ich später nicht wieder zurückholen.

- Schließlich hoffen manche Leute, man könnte am Ende des Lebens noch Geld in Zeit verwandeln, kurz vor dem Sterben das Leben mit Geld verlängern. Doch auch das funktioniert nicht.
- Geld hat keinen Einfluss auf die uns zur Verfügung stehende Zeit, sondern nur darauf, wie wir diese Zeit gestalten.

Geld kann man vermehren, Zeit nicht.

Zeit ist nicht Geld, sondern *Zeit ist Leben*. Wir können Zeit nicht sparen oder gewinnen, wir können sie nur leben.

Lüge Nummer 3: Schneller ist besser

Die problematischen Folgen der ständigen Beschleunigung sind mehr und mehr spürbar. Menschen müssen immer schneller reagieren, schneller arbeiten, schneller essen.

Wir haben schnelle Autos und Bahnen, immer schnellere Flugzeuge und Kommunikationsmittel. Wir essen an der Schnellimbissbude oder »mikrowellieren« uns ein Schnellmenü in zweieinhalb Minuten. Wir haben unser Leben auf die erforderlichen Geschwindigkeiten eingestellt. Wir benutzen Teebeutel statt Teenetze, Reißverschlüsse statt Knöpfe, Klettverschlüsse statt Schnürsenkel, Tiefkühlpizza statt selbst gemachter Ofenpizza. Die E-Mail ersetzt den Brief.

In Sekundenbruchteilen können wir Informationen von China nach Deutschland, nach Südafrika oder an den Nordpol schicken. Früher gingen mehrere Tage (oder sogar Wochen) ins Land, bis unsere Post an Ort und Stelle war. Heute erwarten wir sofortige Entscheidungen, möglichst noch am selben Tag oder innerhalb einer Stunde. Wir müssen immer schneller reagieren, wir müssen aus der uns zur Verfügung stehenden Zeit immer mehr herausholen. Die Geschwindigkeit der Informationsübermittlung hat sich um das 100 000-Fache beschleunigt. Die Geschwindigkeit, mit der wir Menschen alles aufnehmen, erfassen und beantworten können, hat sich jedoch kaum erhöht.

Mit Suchmaschinen im Internet können wir uns häufig stundenlange Recherchen in Bibliotheken ersparen, als Handybesitzer können wir auf Telefonzellen verzichten. Der Fahrkartenkauf im Internet erspart uns den Weg zum Schalter und das Warten in der Schlange.

Und trotzdem: Im Zeitalter der Beschleunigung »kommen wir vor lauter Eile täglich zu spät«.[3]

Ist es denn wirklich besser, schneller zu atmen oder schneller zu sprechen? Können wir schneller spazieren gehen oder schneller vertrauen oder schneller küssen?

Schneller als was ist eigentlich besser?

Schneller als wer? Schneller im Vergleich wozu?

Mathematisch gesehen stimmt es, dass sich durch Geschwindigkeit die Erlebnisse vervielfältigen oder multiplizieren. Doch zugleich geht damit ein Verlust an Bedeutung, Tiefe und Intensität jeder einzelnen Begebenheit und jedes einzelnen Erlebnisses einher. Gerade in Wartezeiten kann sich oft besonders Interessantes ereignen oder neues Erleben auftun.

Multitasking, also die Bewältigung mehrerer Aufgaben zur gleichen Zeit, zwingt uns dazu, uns gedanklich und physisch mit mehreren Dingen gleichzeitig zu beschäftigen. Die Folge davon: Ich bin nicht mehr wirklich gegenwärtig und präsent. Ich kann nicht wirklich »im Moment« leben, sondern muss gleichzeitig woanders oder schon beim nächsten sein. Ich bin an- und abwesend zugleich. Wenn ich während des Telefonierens meine Mails beantworte, bin ich auf keine der beiden Tätigkeiten richtig konzentriert, stelle mich nicht auf mein Gegenüber ein und bin schlussendlich mit dem Ergebnis und mit meinem Verhalten unzufrieden. Das gleichzeitige Erledigen von mehreren Arbeiten, die jede für sich unsere Aufmerksamkeit verdienen würden, macht uns vielleicht schneller, aber am Ende stresst es uns mehr, als dass es uns nützt.

Die kürzere Erholung, der schnellere Schlaf, die rasche Entspannung oder der schnelle Sex nimmt den einzelnen Ereignissen ihre Bedeutung, ihren tieferen Sinn. Sie können sich nicht einprägen, keine wirklichen Spuren in unserem Leben hinterlassen. Schnelligkeit ist vor allem im Blick auf Beziehungen eine sozial destruktive Kraft.

»Leben Sie schneller, dann sind Sie eher fertig!«

Dieser Spontispruch macht etwas von der Absurdität der Schnelligkeit deutlich. Denn: Nicht wie schnell, sondern auf welche Weise etwas getan wird, ist entscheidend.

Sinnvoll und gut wird etwas nicht durch Schnelligkeit, sondern durch die Inhalte. Diese kommen oft erst durch Konzentration, Gelassenheit, Besinnung, Warten, Aushalten und Pausen zum Tragen. Dadurch entsteht Qualität und Tiefe.

Lüge Nummer 4:
Früher war alles besser

Dieser Satz ist häufig zu hören, vor allem von älteren Menschen. Doch er stimmt in der Regel nicht. Laut Gedächtnisforschern ist er ein typischer Rückschaufehler.

Eine kleine Übung dazu: Versetzen Sie sich in Gedanken in eine wirklich schwierige, krisenhafte Zeit Ihres Lebens zurück. Sie wissen zwar noch, dass es eine schwere Zeit war, aber die negativen Gefühle der damaligen Zeit, die innere Zerrissenheit, die Last der Sorgen und Zukunftsängste, die Schuldgefühle und Vorwürfe oder was immer Ihr Herz beschwert hat, können Sie in der gefühlsmäßigen Intensität, wie es damals war, dann wahrscheinlich doch nicht erinnern oder nur zu einem gewissen Grad zurückholen.

Genau das führt zu den sogenannten Rückschaufehlern, und wir kommen zu dem Ergebnis, dass früher alles besser war.

Mit jedem neuen Erlebnis rückt die Vergangenheit ein Stück weiter in die Ferne.[4] Unsere Erinnerungen verändern sich, unser Gehirn schreibt sie um, setzt sie in eine andere Zeit, an einen anderen Ort oder auch in eine andere Stimmungslage.

Ich erinnere mich noch gut daran, dass unsere Kinder im November in unserem großen Garten

häufig helfen mussten, das Laub zusammenzu-
rechen. Dies ging nicht immer ohne Murren ab.
Verständlich, denn die Hände wurden klamm,
es war ungemütlich kalt und feucht. Vor eini-
ger Zeit sagte eine unserer inzwischen erwachsenen Töchter zu mir: »Ach, Mama, weißt du
noch, wie schön das immer war, wenn wir im
November große Laubhaufen im Garten miteinander gemacht haben und hinterher gab es
heißen Kakao in der Küche?«

Ich musste schmunzeln, denn in meiner Erinnerung hatte sich vor allem der Protest der
unter der kalten Feuchtigkeit leidenden Kinder
festgesetzt. Unsere Tochter aber hatte in der
Erinnerung die damit verbundenen Gefühle
bereits positiv umdefiniert und das Ereignis
als ein besonders eindrückliches, unvergesslich
schönes Erlebnis abgespeichert.

In der Rückschau verändert sich die Vergangenheit in
aller Regel eher zum Positiven. Menschen fischen aus
dem Meer der Erinnerung die angenehmeren heraus,
Probleme früherer Zeit werden wie bei einem umge-
drehten Fernrohr verkleinert, heutige vergrößert.[5]

»Jetzt sind die guten alten Zeiten, nach denen wir
uns in zehn Jahren zurücksehnen werden«, meint
Peter Ustinov.

Wenn wir älter werden, neigen wir zur Verklärung
der Vergangenheit. Denn vieles erleben wir nicht

zum ersten Mal, sondern zum wiederholten Male. Damit verlieren gegenwärtige Erlebnisse den Reiz des Neuen. Die Eindrücke und die Spuren, die die Erlebnisse im Gehirn hinterlassen, sind nicht so intensiv wie beim ersten Mal.

Kinder können noch »im gegenwärtigen Moment leben«. Deswegen vergeht im subjektiven Empfinden die Zeit in der Kindheit langsamer als im Erwachsenenalter. Kindheitserinnerungen sind oft wie lange ausgedehnte Zeiträume, tiefe Eindrücke von Landschaften oder Begegnungen, von Festen oder Spielen, intensive Gefühle von Glück, Geborgenheit, aber auch Einsamkeit und Verlassenheit. Deswegen haben wir in der Rückschau auf die Vergangenheit einen anderen Eindruck von unserem Erleben.

Je älter wir werden, desto mehr erleben wir die Zeit als »zerfließend«, als dahinrasend. Auch das kann den Eindruck hervorrufen, früher sei es *besser* gewesen, weil es eben intensiver und harmonischer war. Das liegt mit daran, dass wir selbst für bestimmte Dinge länger brauchen als früher und deswegen das Geschehen um uns herum schneller abläuft als unser eigener Rhythmus. Je älter wir werden, desto weniger Dinge merken wir uns. Darum vergehen einzelne Zeitabschnitte schneller, denn in den jeweiligen Zeiträumen gibt es weniger Erinnerungspunkte, an die wir zurückkehren können.

Je mehr hinter uns liegt, desto weniger liegt vor uns –
darum komprimiert sich das Empfinden von Zeit mit
dem Älterwerden. So kann es passieren, dass wir uns
nach früher, nach dem »Besseren«, Leichteren, Unbeschwerteren, Intensiveren zurücksehnen – nach dem
Motto: »Die Zukunft war früher auch besser« (Karl
Valentin).

Lüge Nummer 5:
In Zukunft wird alles besser

Viele Menschen leben auch nach dem Motto: Das
eigentliche Leben beginnt später. Das, was ich jetzt
tue, ist nur eine Vorbereitung auf die Zukunft. Sie
sind permanent damit beschäftigt, Ziele zu verfol-
gen. Dies trifft vor allem auf die zukunftsorientierten
Typen zu (siehe S. 43ff.). Sie sind überzeugt davon,
dass das Leben nicht nur besser wird, sondern dass
es sozusagen erst richtig anfängt, wenn sie erreicht
haben, was sie anstreben.

> »Wenn ich mit dem Projekt fertig bin, dann ge-
> nieße ich mein Leben.«

> »Wenn die Kinder in der Schule sind, kann ich
> dieses oder jenes tun.«

> »Wenn meine Kinder groß sind, habe ich Zeit
> für mich.«

»Wenn mein Mann im Ruhestand ist, kann ich mehr mit ihm unternehmen.«

»Wenn ich viel Geld habe, geht es mir gut.«

So wird das eigentliche Leben immer auf die Zukunft verschoben. Die Gegenwart muss überwunden werden, um endlich in der nahen oder fernen Zukunft zu leben.

Doch Zukunftsfixierung verhindert Leben in der Gegenwart und nimmt die Freude am Hier und Jetzt.

»So mancher, der den Wunsch hat, ewig zu leben, weiß oft nicht, wie er eine kurze Stunde ausfüllen soll«, sagt Upton Sinclair.

Obwohl viele Menschen die Dimension der Endlichkeit des Lebens bewusst ausklammern, verhalten sich viele so, als seien sie auf einer Theaterprobe und das Stück »Mein Leben« habe erst in irgendeiner fernen Zeit Premiere.

In dem Magazin *The New Yorker* war ein Cartoon mit drei Bildern abgebildet:

Im ersten sitzt ein Mann an seinem Schreibtisch und denkt ans Golfspielen. Im zweiten spielt er tatsächlich Golf, aber er träumt vom Sex. Im dritten liegt er mit seiner Frau im Bett und denkt an die Arbeit.

Ein Beispiel dafür, wie wir versäumen, in der Gegenwart zu leben, weil wir mit den Gedanken in der Zukunft sind. Doch so kommt die Zukunft genaugenommen nie zustande, sie ist immer nur geistige Vorwegnahme. Denn in der vormals erträumten Zukunft sind wir schon wieder beim Träumen der nächsten Ereignisse.

Das Leben wird auf später verschoben und schließlich sterben wir, bevor wir gelebt haben.

»Wir opfern unsere Jugend, um zu Wohlstand zu gelangen, um anschließend unseren Wohlstand aufzubrauchen, um jung zu bleiben.«[6]

Oft bemerken wir nicht einmal, dass wir mit unserem Körper in der Gegenwart, mit unseren Gedanken und Gefühlen aber ständig in der Zukunft sind.

Die Wurzeln liegen zum einen darin, dass wir schon als Kinder ermahnt wurden, für später zu lernen. Wir gehen in die Schule, damit wir etwas Nützliches für das Leben lernen. Wenn wir dann die Schule verlassen, erlernen wir einen Beruf für das Leben. Wenn wir im Beruf arbeiten, legen wir Geld zur Seite, damit wir im Alter gut leben können …

Ein weiterer Grund dafür, dass wir den gegenwärtigen Moment verpassen, liegt an den vielen Möglichkeiten, das Leben zu parallelisieren. Im Internet kann ich in *Second Life* meinen Avatar für mich leben lassen oder in Spielforen wie »World of Warcraft« in dramatische Erlebnisse und stark emotionale Begegnungen verwickelt werden.

In Chatforen kann ich mir eine ideale Identität aufbauen, die möglicherweise weit weg von meiner Wirklichkeit ist.

Das Internet bietet ideale Fluchtmöglichkeiten aus der harten Realität. So wird das Erleben der Gegenwart verhindert.

Parallelwelten im Internet zwingen dazu, ständig darüber nachzudenken, was dort gerade passiert und was ich jetzt möglicherweise verpasse.

Aber erst die Begegnungen mit realen Menschen im Jetzt machen das Leben vielfältig und lebendig, auch wenn diese Begegnungen oft ganz anders als erwartet oder erwünscht verlaufen.

Jeder Mensch, mit dem man eine wirkliche Begegnung hat, gibt etwas von sich selbst, vom Kostbaren, was er besitzt, von seinem Leben. In jeder Begegnung werde ich herausgefordert, kann ich von anderen lernen. Nicht in der Zukunft, sondern im Hier und Jetzt soll ich gegenwärtig sein, gelassen und dankbar werden, die Augenblicke genießen lernen, Balance zwischen Anstrengung und Entspannung im Leben herstellen.

Das Leben wird nicht durch Überfüllung oder Verdoppelung sinnvoll, sondern durch Konzentrierung.

Jedem ist ein gewisses Maß an Zeit zugemessen.

Niemand weiß, wie lange dieses Maß ist, Gott allein weiß um Anfang und Ende. Darum: Den Dingen, denen ich hohes Gewicht zumesse, die mir wertvoll sind, denen sollte ich heute – nicht irgendwann später – Raum geben. Darauf kommt es an.

This day is the first day of the rest of your life. –
Heute ist der erste Tag vom Rest deines Lebens.
Coretta, amerikanische Nonne

3. Zeitperspektiven

Menschen leben mit unterschiedlichen Zeitperspektiven oder auch Zeitorientierungen. Alle unsere Entscheidungen sind davon beeinflusst. Zu diesem Ergebnis kam der Zeitforscher Philipp Zimbardo.[7] Je nachdem, ob wir uns an der Vergangenheit, Gegenwart oder Zukunft orientieren, gehen wir unterschiedlich mit Erfahrungen, Gefühlen, Wahrnehmungen, Erwartungen und Zielen um.

Welche Orientierung vorherrschend ist, entscheidet darüber, worauf ein Mensch sein Hauptaugenmerk richtet, wie er sein Leben betrachtet und gestaltet. Diese Orientierung bestimmt, wie Erfahrungen abgespeichert und erinnert werden und auch wie der Mensch mit seiner Zeit umgeht.

Die meisten Menschen entwickeln eine dominierende Zeitperspektive. Es gibt jedoch vereinzelt auch Menschen, die sich in ihrer Zeitgestaltung nicht eindeutig auf einen Typus festlegen lassen.

Der Vergangenheitstyp

Vergangenheitsorientierte Personen sind in ihren Denkmustern und in ihren emotionalen Erinnerungen in der Vergangenheit verhaftet. Das muss nicht negativ sein, sondern kann eine sehr positive Lebenshaltung im Sinne von Achtung des Bewährten oder Lernen aus der Vergangenheit zur Folge haben. Es wird erst dann negativ, wenn es zu Starrheit und Festgefahrenheit führt, wenn dadurch Neues und Veränderung verhindert wird, Entwicklungen blockiert werden.

Eine *negative* Orientierung an der Vergangenheit zeigt sich

- in sentimentaler Verklärung der Vergangenheit: »Früher war alles besser.«
- im Nachtrauern glücklicherer Zeiten: »Das Beste liegt hinter mir – ich erwarte nichts mehr von der Zukunft.«
- in übertriebenem Sammeln von Objekten, die an die Vergangenheit erinnern.
- in der Weigerung, über die Vergangenheit nachzudenken oder davon zu erzählen.
- in Verbitterung oder Verhärtung aufgrund erfahrener Kränkungen.
- im Festhängen an alten Mustern.
- im Widerstand gegen Neues und Unvertrautes.

Eine Orientierung an den Verletzungen und leidvollen Erfahrungen der Vergangenheit kann zu lähmenden Depressionen, Schuld, Rachegefühlen oder Bitterkeit führen.

Menschen, die an der Vergangenheit orientiert sind, haben oft Mühe mit der Gestaltung von entstehenden Leerläufen in Lebensumbrüchen. Es ist schwer für sie, sich auf Neues einzulassen, und darum erleben sie oft Phasen von Langeweile, Sinn- und Nutzlosigkeit.

Eine *positive* Sicht auf die Vergangenheit zeigt sich
- in dankbaren Erinnerungen.
- in einer versöhnten Haltung zu Eltern und Vorfahren.
- in der Pflege von hilfreichen Ritualen.
- in der Bereitschaft, Familien-Traditionen positiv zu würdigen.
- im positiven Nutzen des aus der Vergangenheit
Gelernten.
- in Stolz auf die Vergangenheit und die eigene
Herkunft und ein dadurch positives Lebensgefühl.

Eine versöhnte Sicht auf die Vergangenheit gibt uns Wurzeln, gibt inneren Halt und ermöglicht es, sich mit Familie, Kultur und einem »größeren Ganzen« verbunden zu fühlen.

Die Rückbesinnung auf die Wurzeln unseres Glaubens, die Rituale und Traditionen, die uns vermittelt wurden, helfen, dem eigenen Leben einen Bezugsrahmen zu geben und darin Sicherheit zu gewinnen, Identität und Halt zu finden.

Dankbares Zurückblicken auf schöne Erlebnisse, Erfolge, glückliche Momente können Ressourcen für die Gegenwart sein, die uns ein positives Selbstgefühl, Freude und Sicherheit schenken.

Wenn ich eine positive Verankerung meines Lebens in der Vergangenheit habe, kann ich von dort ausgehend eine Linie in die Zukunft ziehen und habe dadurch auch Orientierung für die Gegenwart.

Eine negative Vergangenheitsorientierung dagegen lässt uns in Gefühlen von Traurigkeit, Schuld und Versäumnis festhängen.

Die Sichtweise auf die eigene Vergangenheit entscheidet in hohem Maß mit, wie ich meine Gegenwart und Zukunft sehe.

»Wer die Vergangenheit beherrscht, beherrscht die Zukunft. Wer die Gegenwart beherrscht, beherrscht die Vergangenheit.« (George Orwell)

Vergangenheitsorientierung schlägt sich natürlich auch in der *Zeitplanung* nieder: Vergangenheitsorientierte planen ihren Tag gerne nach festen Rhythmen und Ritualen und sie haben Mühe mit spontanen Veränderungen ihrer Abläufe. Häufig fehlt ihnen die Fähigkeit, sich flexibel auf Herausforderungen einzustellen. Unerwartetes bereitet ihnen manchmal Probleme. Am liebsten ist ihnen ein gleichbleibender, festgefügter Ablauf der Tage oder Wochen.

Der Gegenwartstyp

Gegenwartsorientierte können das Leben in vollen Zügen genießen. Sie sind stark von ihren Bedürfnissen geleitet, sind spontan in ihren Entscheidungen, lassen sich in ihrem Verhalten sehr viel stärker von den momentanen Umweltreizen und -angeboten leiten. Sie sind weniger ehrgeizig und strebsam, stattdessen genussorientiert, haben darum oft zu wenig Geld auf dem Konto. Sie kommen öfter zu spät oder verlieren sich in zu vielen Details. Sie sind kreativ, neugierig und interessiert und bleiben deswegen oft auch im gegenwärtigen Moment hängen.

Sie verbringen – so Zimbardo – viel Zeit mit Spiel und Unterhaltung, sie essen und trinken gerne und impulsiv, sehen viel fern, gehen gern ins Kino. Sie sind wenig gesundheitsorientiert, treiben selten Sport, gehen ungern zum Arzt.

Sie sind aber eben auch präsent, sozial eingestellt, spüren aus dem Moment heraus, was wichtig ist, können Wichtiges liegen lassen, um in der Gegenwart einem Menschen zu helfen und für ihn da zu sein.

Eine *positive* Orientierung an der Gegenwart zeigt sich in
- Offenheit für neue Ereignisse.
- Bereitschaft, sich voll und ganz auf den Moment einzulassen.
- der Fähigkeit, genießen zu können.
- Kreativität und unkonventionellen Ideen.
- Spontaneität.
- Mitgefühl und Hilfsbereitschaft.

Negativ wird diese Orientierung, wenn sie zu Folgendem verleitet:
- Riskanter Lebensstil.
- Reine Bedürfnisorientierung bis hin zu Drogenmissbrauch oder exzessivem Alkoholkonsum.
- Wenig reflektiertes Verhalten.
- Unzuverlässigkeit und Unverbindlichkeit.
- Fatalistisches Denken (»Es ist sowieso egal, was ich tue – es kommt, wie es kommen muss«).

- Aus Angst, etwas zu verpassen, so viel wie möglich Spaß und Abenteuer erleben wollen.
- Die Zukunft ausblenden.
- Unfähigkeit, auf etwas zu warten oder etwas auszuhalten.

Das Leben setzt sich in deren Empfinden aus nichts anderem zusammen als einer beständigen Folge von gegenwärtigen Momenten.

Zeitplanung: Gegenwartsorientierte planen ihre Zeit nicht so gerne. Sie handeln spontan und impulsiv aus dem Moment heraus und sind deswegen oft in der Gefahr, sich im Vielerlei zu verlieren. Am Ende des Tages ist vieles liegen geblieben und unerledigt.

Zu bestimmten Zeiten empfinden diese Menschentypen das störend, vor allem, wenn sie von Zukunftsorientierten unter Druck gesetzt werden oder wenn sie sich mit anderen, denen die Zeitplanung besser gelingt, vergleichen.

Häufig macht ihnen die eigene Unstrukturiertheit aber nichts aus. Sie leben nach dem Motto: Was heute nicht wurde, kann morgen geschehen.

Der Zukunftstyp

Zukunftsorientierte Menschen sind gute Zeitplaner. Meistens sind sie zielstrebig und darum auch in aller Regel erfolgreich. Sie ernähren sich gesund, betreiben Sport und nutzen ärztliche Vorsorgeuntersuchungen, denn sie wollen ja auch in Zukunft leistungsfähig und gesund sein.

Positive Zukunftsorientierung zeigt sich
- in verantwortungsvollem Umgang mit den eigenen Ressourcen.
- in Vorfreude auf Kommendes, Fähigkeit zum Warten und Frustrationstoleranz.

- in hoher Motivation und Leistungsorientierung.
- in Bereitschaft zur Initiative.
- in Fähigkeit zur Zeitplanung.

Die *negativen* Folgen von einseitiger Zukunftsorientierung zeigen sich in

- Unfähigkeit, gegenwärtig und präsent zu sein.
- mangelnder oder keiner Bereitschaft, sich auf
  den Moment einzulassen.
- der Unfähigkeit zuzuhören oder zu genießen.
- Getrieben- und Gehetztsein.
- Überschätzung der eigenen Kräfte.

Negative Zukunftsorientierung verhindert die Gegenwart. Denn in Gedanken sind Zukunftsorientierte häufig schon im nächsten Moment, in der nächsten
Stunde, bei der nächsten Aufgabe, in den wartenden
Herausforderungen verankert.

Je gestresster Menschen sind, desto eher blenden sie
die Gegenwart aus. Je eiliger die Menschen unterwegs sind, desto weniger hilfsbereit sind sie auch.
Ein Experiment[8] unter Psychologiestudenten verdeutlicht dies. Jeder der Studenten hatte die Aufgabe, einen Vortrag zum Gleichnis des barmherzigen
Samariters zu halten. Dieser sollte in einem einige
hundert Meter entfernten Gebäude stattfinden. Die
Studenten wurden in zwei Gruppen eingeteilt. Den

einen wurde gesagt, sie sollten sich beeilen, um in den Vortragsraum zu gelangen; den anderen gab man keine Zeitvorgaben. Unterwegs nun wurde von den Versuchsleitern ein stöhnender und sich vor Schmerzen krümmender Mann – in Wahrheit ein Schauspieler – auf den Boden einer Seitengasse gelegt.

Die Eiligen ließen ihn liegen, die Gemächlichen kümmerten sich um ihn. Ein Fazit, das die Forscher aus diesem Versuch zogen: Wenn wir unter Zeitdruck stehen, blenden wir andere Verpflichtungen aus. Zeitdruck macht unbarmherzig.

Wer überwiegend schnell lebt und zukunftsorientiert schon das Nächste plant, hat meist keine Zeit für die Gegenwart, kann sich schlechter auf die Bedürfnisse seiner Mitmenschen einlassen.

Zukunftsorientierung finden wir hauptsächlich in westlichen Kulturen, deren Technologien auf Planung, Logistik und Projekten basieren. In naturverbundeneren Völkern oder weniger industrialisierten Ländern finden wir eine stärkere Vergangenheits- (Ahnenkulte) oder Gegenwartsorientierung.

»Bewohner lateinamerikanischer Länder oder Mittelmeerländer würden die ›Nordländer‹ als besessen von Arbeit, Rationalität, Belohnungsaufschub und Plänen für die Zukunft erleben, umgekehrt erschienen sie den ›Nordländern‹ als ›faul, leistungsunfähig, unklug, zurückgeblieben und unreif in ihren Bemühungen, das Beste aus dem Augenblick zu machen‹.«[9] Stark ausgeprägte Zukunftsorientierung findet sich ausschließlich in modernen Industriegesellschaften der nördlichen Breitengraden der Welt. Diese mussten zukunftsorientiert sein, weil sie in den warmen Jahreszeiten für den Winter vorsorgen mussten, also gezwungen waren, an die Zukunft zu denken. Der Zwang zur Vorsorge brachte die entsprechende Denkweise hervor.

»In Agrargesellschaften müssen sich die Menschen primär um die tägliche Bedarfsdeckung kümmern. In den Ländern der Dritten Welt dient das Verhaftetsein in der Gegenwart dem Überleben im wahrsten Sinn des Wortes …«[10] In Ländern, in denen das ganze Jahr über Frucht wächst, ist Gegenwartsorientierung eher möglich. Hopi-Indianer aus Arizona kennen beispielsweise kein Wort für Vergangenheit oder Zukunft. Alles ist Gegenwart und ihr Lebensrhythmus orientiert sich allein an den Vorgaben der Natur.

Zusammenfassung

Jeder Mensch hat Orientierungen und Bezüge zu Vergangenheit, Gegenwart und Zukunft. Es gibt sicher Menschen, die sich in ihrer Zeitgestaltung nicht eindeutig auf einen Typ festlegen lassen. Es kann auch sein, dass sich die Zeitorientierung im Lauf eines Lebens verändert. So ist es unbestritten, dass Kinder in den ersten Lebensjahren gegenwartsorientiert sind und ältere Menschen sich stärker an der Vergangenheit orientieren. Entscheidend ist aber, dass wir zu allen Zeitebenen eine positive Einstellung entwickeln können. Dass wir gerne in der Gegenwart leben, versöhnt mit der Vergangenheit umgehen und hoffnungsvoll in die Zukunft schauen können. Das sind Voraussetzungen für psychische und emotionale Gesundheit und Folgen von lebendigem und erlöstem Glauben.

Hilfreich kann vielleicht folgendes Bild sein:

> Wenn wir unseren Lebensweg mit einem Weg vergleichen, der durch eine Landschaft mit schönen und dunklen Ausblicken, mit manchmal geraden Wegen und manchmal mühsamem Kämpfen durch unwegsames Gelände führt, dann ist Orientierung wichtig. Nehmen wir weiter an, es gäbe ein Seil, an dem wir uns festhalten können und das uns gleichzeitig die Richtung vorgibt. Ein solches Seil braucht

eine feste Verankerung am Anfangs- und End-
punkt, also in der Vergangenheit und in der
Zukunft.

Wenn auch nur ein Verankerungspunkt fehlt,
nützt das Seil nichts.

Ohne Fixierungsmöglichkeit wären wir wie
ein Blatt im Wind, unsicher und unorientiert,
halt- und ziellos.

Ist aber die Verankerung stabil, dann können wir uns an diesem Seil orientieren oder
festhalten und fühlen uns auf dem gegenwärtigen Weg sicher.

Das bedeutet: Wenn wir uns unserer Vergangenheit
bewusst sind und uns sicher fühlen und wenn wir
uns auf die Zukunft freuen, keine Angst vor dem
Kommenden haben, dann gewinnen wir dadurch
Stabilität und Sicherheit für die Gegenwart – für das
Leben heute und hier.

»Zukunft ist Herkunft« oder »Herkunft gibt Zukunft« – beide Sätze stimmen. Ohne Sicherungsan-
ker in der Vergangenheit gehen wir ungewiss in die
Zukunft. Und ohne Zuversicht im Blick auf das Ziel
verlieren wir den Halt für die Gegenwart. Gott will
unserem Leben diese Stabilität verleihen: Gewissheit
über die Herkunft unseres Lebens und Glaubens und
Getrostheit im Blick auf die Zukunft und das Ziel
unseres Lebens.

Der Glaube an die Grundlagen und unverbrüchlichen Zusagen Gottes für mein Leben und die Hoffnung auf seine kommende Welt verleiht meinem Leben eine Perspektive und Motivation zur Liebe.

So formuliert es auch Paulus in 1. Korinther 13,13: Glaube, Hoffnung und Liebe sind die bleibenden Qualitäten und tragenden Säulen unseres Lebens.

Der Glaube an das Tun Gottes, an seine Verheißungen und Zusagen orientiert sich an der Vergangenheit.

Die Hoffnung auf Gottes Wirken und das Ziel, auf das wir zugehen, bewirkt einen positiven Blick auf die Zukunft.

In der Liebe soll heute und hier – in meiner Gegenwart – Gott in meinem Leben sichtbar werden, für mich und andere erfahr- und erlebbar.

Meine Vergangenheit kümmert mich nicht mehr.
Sie gehört dem Erbarmen Gottes.
Meine Zukunft kümmert mich noch nicht.
Sie gehört zur Vorsehung Gottes.
Was kümmert mich? Das Hier und Jetzt und Heute.
Das aber gehört der Gnade Gottes.
Franz von Sales

4. Freiräume schaffen durch geklärte Vergangenheit

Die Vergangenheit ist kein abgeschlossener Prozess oder eine hinter uns liegende Epoche, sondern sie wirkt in unsere Gegenwart hinein – sowohl positiv als auch negativ. Sie ist Teil unseres Ichs, unserer Identität, sie hat uns geprägt und geformt. Sie hat Grundmuster für unser Handeln und für unsere Bewertung von Ereignissen entstehen lassen, sodass wir das Leben aufgrund dessen zuversichtlich und motiviert oder entmutigt und verunsichert einschätzen und gestalten. Nicht nur unsere persönliche Vergangenheit, die bis in unsere Kindheit zurückreicht, ist damit gemeint, sondern auch die Vergangenheit meiner Familie, meiner Vorfahren, die Vergangenheit des Volkes und der Kultur, der ich angehöre.

Wer in der Gegenwart ankommen will, muss einen positiven Zugang zu seiner Vergangenheit, zu seiner Herkunft, zu seiner Geschichte bekommen. Nur wer die Vergangenheit positiv integrieren kann, kann gegenwärtig sein.

Eine ungeordnete Vergangenheit verhindert das.
    Dies äußerst sich darin,

- dass wir ein gebrochenes Verhältnis zu unserer Kultur, unserem Staat oder auch zu den uns vermittelten Traditionen haben.
- dass wir unsere Herkunft nicht oder kaum kennen. Wenn wir also zu unseren Eltern keinen oder keinen positiven Kontakt haben, weil die Beziehungen belastet sind, oder weil wir nie Menschen oder Orte der Ursprungsfamilie kennengelernt haben, dann können wir uns nicht auf die Vergangenheit rückbeziehen.
- dass wir nicht bewältigte Verletzungen mit uns herumtragen.
- dass Schuld nicht bereinigt und vergeben wurde und uns darum immer wieder schmerzlich oder peinlich einholt.

Solche Blockaden können daran hindern, sich an den Erlebnissen der Gegenwart zu freuen, sich zu konzentrieren oder zu engagieren. Darum ist es so wichtig einen versöhnten Zugang zur Vergangenheit zu finden und diese zu integrieren, sie als Teil des eigenen Lebens zu akzeptieren und als prägenden Faktor des Daseins anzuerkennen.

Herkunft klären

Je älter Menschen werden, desto wichtiger wird die Frage nach der Herkunft und den eigenen Wurzeln.

Der Anteil der Senioren unter den Ahnenforschern ist hoch. Aber nicht erst im Alter ist die Rückbindung an die Vergangenheit wichtig. Auch Kinder und Jugendliche sollen sich dessen bewusst werden, in welche Welt sie hineinwachsen. Sie müssen wissen, wo sie herkommen, welche Kultur sie prägt, wie die Geschichte ihres Volkes verlaufen ist, was die Wurzeln des Glaubens sind.

Darum ist es neben der Versöhnung mit der persönlichen Lebensgeschichte genauso wichtig, sich mit der Geschichte und den Wurzeln des eigenen Volkes und der eigenen Kultur vertraut zu machen und einen positiven Zugang zu ihr zu finden. Als Deutsche haben wir ja nicht nur eine Kultur des Schreckens in der Zeit des Nationalsozialismus hervorgebracht, sondern wir leben auch im Land von Martin Luther, Johann Sebastian Bach, Beethoven, Goethe, Schiller und Gutenberg. Wir gehören zu dem Land, das Personen wie Max Planck, Albert Einstein, Gottlieb Daimler und Karl Benz ermöglichte, große Fortschritte in der Wissenschaft zu vollbringen, bis hin zu den Denkern und Revolutionären wie Nietzsche, Hegel, Karl Marx und vielen anderen mehr.

In diese Linien stellen wir uns hinein, wenn wir Volkslieder, die Nationalhymne oder Choräle singen. Hinter den Geschichtsdaten verborgen kann das prägende Wirken Gottes entdeckt werden, das sich auch in der Tradition der Familie widerspiegeln kann. So kann die Rückbesinnung darauf anspornen, ermutigen und beflügeln. Wer gut verwurzelt ist, kann Stürmen besser standhalten. Letztlich geben Wurzeln Kraft für das Leben.

Als Christen können wir uns an das Wirken Gottes durch die Jahrhunderte rückbinden. Daran erinnern die Feste im Kirchenjahr, sie haben eine wurzelgebende und identitätsstiftende Funktion. Sie erinnern an Gottes Handeln und seine Verheißungen. So ist Weihnachten die Erinnerung an das Herabsteigen Gottes in unsere Welt, die Passionszeit eine Erinnerung an sein Leiden, das Abendmahl – eingebettet in das Passah – eine Erinnerung an Gottes Befreiungshandeln aus der Gefangenschaft in Ägypten.

Ostern, Himmelfahrt und Pfingsten sind die Anknüpfungspunkte an die hoffnungsstiftende Zukunft. Das Erntedankfest erinnert uns daran, dass Gott versprochen hat, den Zyklus von Saat und Ernte und der Jahreszeiten nicht zu unterbrechen. Advent macht die Wiederkunft von Christus zum Rahmenthema unseres Lebens.

Ein Christ gleicht einem Ruderer: Er orientiert sich im Zurückblicken auf den Ort, von dem er herkommt. Er fixiert seinen Blick auf Punkte der Vergangenheit. Aber er fährt nach vorne, dem Ziel entgegen. So blicken wir als Christen auf das, was Gott in der Geschichte seines Volkes und in Jesus Christus für uns getan hat. Wir fixieren unsere Identität als Christen im Blick auf Karfreitag und Ostern. So leben wir heute und fahren dem Ziel der Geschichte, der neuen Welt Gottes, entgegen.

In 5. Mose 32,7 wird dies so formuliert: »Gedenke der vorigen Zeiten und hab acht auf die Jahre von Geschlecht zu Geschlecht. Frage deinen Vater, der wird dir's verkünden, deine Ältesten, die werden dir's sagen.«

So haben beide Anteil daran, dass dies geschieht: Die Elterngeneration soll erzählen, Werte und halt-gebende Gebote und Ordnungen weitergeben und weitertragen, und die Kinder sollen danach fragen. Sie haben ein Recht darauf zu wissen, was früher war. Eltern und Großeltern sollen erzählen, wie es früher war, mit Kindern Fotoalben ansehen, auch zu Gräbern gehen. Kinder sollen wissen, wer ihre Vor-fahren sind, welche Berufe diese ausgeübt haben, welche gesellschaftliche Bedeutung sie hatten und welche nicht. Es ist für die Identitätsfindung von ele-mentarer Bedeutung, auch über Familienerfolge wie Auszeichnungen und Ehrungen, Fähigkeiten und besondere Begabungen Bescheid zu wissen. Genau-so sollten Kinder aber auch über sogenannte »Fami-liengeheimnisse« altersgerecht informiert werden: z. B. Halbgeschwister, psychische oder körperliche Krankheiten von Vorfahren, Behinderungen, mys-teriöse Todesfälle, schwere Unglücke, bis hin zu tabuisierten Themen wie Homosexualität, Selbstmorde, Inzest, Ehebruch, Verbrechen oder Gefängnisaufenthalte der Vorfahren.

Möglicherweise gibt es durch kulturell gemischte Ehen von Eltern oder Großeltern auch Zugänge zu verschiedenen Nationalitäten und Kulturen, was für das eigene Selbstbild eine Verunsicherung, aber ebenso auch eine große Bereicherung sein kann.

Diese Linien in die Vergangenheit können durch Scham und Schuld, durch Verbrechen, die unser Volk verübt hat oder die in der Familie geschehen sind, belastet sein. Auf die damit verbundenen Verunsicherungen und Fragen müssen wir auch für uns persönlich eine Antwort finden. Wir brauchen auch bei durch Schuld überschatteter Vergangenheit eine positive Rückbindung an unsere Wurzeln.

Wenn die Linien in die Vergangenheit durch Adoption, Pflegeaufenthalte, durch Zeugung aus Fremdsamen oder durch Leihmutterschaft unterbrochen wurden, ist es wichtig soweit wie möglich die Herkunft zu kennen, zu klären und wo irgendmöglich Kontakt zu den bis dahin unbekannten Verwandten aufzunehmen.

Auch wenn solche Begegnungen meist nicht so erfreulich verlaufen, wie man sich das wünscht, ist es dennoch nötig, den Zugang zu wagen und sich möglichst viele Informationen über seine Wurzeln zu erschließen.

Eine Hilfe dazu kann die Beschäftigung mit Tagebüchern oder Briefen der Vorfahren sein, das Anschauen von Fotoalben, der Kontakt zu Orten der Vergangenheit, Gespräche mit Menschen, die die Vorfahren noch gekannt haben – frühere Nachbarn, Lehrer, Freunde, Bekannte.

Wo dies nicht (mehr) geht, kann man nur darum ringen und beten, dass Gott innere Bilder der Klärung und der Versöhnung mit diesem unbekannten Teil der eigenen Herkunft schenkt. Nur durch innere Aussöhnung und dem Versuch von Verständnis für die Geschehnisse der Vergangenheit bekommen wir Zugang zur Gegenwart.

Wer der Vergangenheit trauen kann, gewinnt auch Mut für die Zukunft und emotionales Handwerkszeug zur Bewältigung von gegenwärtigen oder zukünftigen Schwierigkeiten.

Verletzungen anschauen

Es gibt keine Vergangenheit ohne Verletzungen. Menschen erleben zu allen Zeiten Belastendes.

Die Erfahrungen der Kindheit und Jugend prägen uns. Schon die ersten Tage und Wochen können eine Hypothek auf dem Leben sein:

War ich willkommen oder wurde ich als Belastung und Hindernis empfunden? Vielleicht war ich unerwünscht, zum falschen Zeitpunkt geboren, mit dem falschen Geschlecht ...?

War ich in der Geschwisterreihe unterdrückt oder bevorzugt?

Habe ich mich geborgen erlebt oder war die Atmosphäre eisig oder stürmisch?

Kinder reagieren feinfühlig auf die Atmosphäre zu Hause. Herrschte Frieden zwischen den Eltern oder ständiger Kleinkrieg, war es ein Klima des Misstrauens oder der Würde, Begegnungen voller Offenheit oder Gleichgültigkeit?

Lebenswunden der Vergangenheit können verhindern, dass wir tatsächlich in der Gegenwart ankommen. Verletzungen können blockieren, weil sie oft wie Schatten auf der Seele liegen, weil sie lähmen oder wütend machen können.

Adoptierte Kinder leiden oft unter einer ungeheuren Wut gegenüber den leiblichen Eltern, die sie hergegeben haben oder die sie – ihrem Empfinden nach – im Stich gelassen haben. Häufig wird diese Wut dann auf die Adoptionseltern übertragen, sodass diese dann in Auseinandersetzungen verwickelt werden, die eigentlich mit den Ursprungseltern ausgefochten werden müssten. Aber auch leibliche Kinder versuchen häufig, die erlittenen Verletzungen durch Aggressionen und Abwehr in den Griff zu bekommen. Aggressionen sind oft wie ein Schutzschild vor den Wunden der Seele.

Eins ist sicher: Gott möchte nicht, dass wir ein Leben lang unsere Verletzungen wie einen Klumpfuß hinter uns herziehen und dadurch nicht zur Entfaltung unseres Lebens kommen. Gott möchte heilen, befreien und versöhnen.

Und er kann und will aus den Verletzungen etwas wachsen lassen. So wie durch Stürme beschädigte Bäume im Sommer oder Herbst oft besonders viele Früchte tragen, so kann auch eine Verletzung in der Kindheit im erwachsenen Leben reiche Frucht tragen.

Die geheilten Stellen können besonders tragfähig für unser Leben werden, sodass wir andere Menschen, die Ähnliches erfahren haben, mit auf den Weg nehmen, sie verstehen und ihnen zur Hilfe werden können.

Alfred Adler[11] beschreibt, dass Menschen aufgrund einer Behinderung in besonderer Weise gefordert und herausgefordert werden, sodass sie dadurch oft zu ganz außerordentlichen Leistungen angespornt werden. So werden nicht selten Menschen mit Sehbehinderungen zu Malern oder Bildhauern, Menschen mit Sprachbehinderung zu Sprachtherapeuten, Menschen mit Schwerhörigkeit zu Musikern oder Komponisten.

Erfahrene Kränkungen oder Belastungen können ein Ansporn für die Zukunft sein. Verletzungen, Blockaden oder Hindernisse der Vergangenheit müssen nicht nur Last und Hemmschuh sein, sondern können positive Früchte für unser Leben tragen.

Gott kann und will heilen. »Er wird das geknickte Rohr nicht brechen und den glimmenden Docht nicht auslöschen« (Jesaja 42,3). Er will unsere Seele trösten und das Zerbrochene heilen. Gott kümmert sich um seine verletzten Kinder. Jesus kam darum auf diese Erde, damit wir nicht in den Verletzungen stecken bleiben. Christus ist für uns in den Tod gegangen, damit wir heil werden können. Durch die Kraft der Auferstehung kann er auch unsere Seele wieder aufrichten. Er kann die Wunden, die durch Verletzung entstanden sind, verheilen lassen und die Löcher unserer Seele auffüllen. Er kann abgebrochene Linien in die Vergangenheit wieder vervollständigen und uns durch seine väterliche und mütterliche Gegenwartskraft eine Erfahrung von Verwurzelung und Ganzwerden schenken.

Vergebung annehmen

In jedem Leben gibt es auch Scheitern und Schuldigwerden. Nicht alles gelingt so wie wir es gedacht haben.

Der berufliche Erfolg bleibt aus oder der Beruf erfüllt einen nicht so, wie man sich das wünscht.

Die Kinder haben sich anders entwickelt, als man sich das gewünscht hat, oder man hat überhaupt keine Kinder bekommen – zerbrochene Lebensträume.

Vielleicht leben wir an einem ganz anderen Ort, als wir das wollten. Vielleicht ist unser Leben von Heimweh und Sehnsucht nach vergangenen Erfahrungen oder Situationen geprägt.

Der Ehepartner hat sich möglicherweise anders entwickelt als wir gehofft haben. Vielleicht ist er auch einfach nicht mehr der, den wir geheiratet haben, sondern hat Charakterzüge entwickelt, die uns das Lieben schwer machen.

Der Ehepartner ist nicht so leicht zu verändern. Darum ist viel besser, den anderen so anzunehmen und zu akzeptieren, wie er jetzt eben gerade ist, als ständig an ihm herumzunörgeln und damit die Atmosphäre zu vergiften.

Wie viel Paare leiden darunter, dass der Partner ständig mit Erwartungen kommt und nie zufrieden und dankbar ist.

Es kann ja auch umgekehrt sein: Wir haben uns verändert und sind mit unseren Launen, unserer Unzufriedenheit und unangenehmen Gewohnheiten zur Last für den Ehepartner geworden. Das spiegelt sich im Umgang miteinander.

Ähnlich stellt sich das Thema bei den Kindern dar. An deren Werden haben wir Anteil, aber nur zu einem bestimmten Teil. Kinder sind auch selbst für ihr

Leben und ihre Entwicklung verantwortlich. Es kann sein, dass wir nicht glücklich darüber sind, wie sie ihr Leben gestalten. Und es kann sein, dass wir rückblickend gut erkennen, dass bestimmtes Fehlverhalten unsererseits manche Entwicklungen begünstigt hat. Aber auch hier gilt: Für gemachte Fehler dürfen wir Vergebung empfangen und wir können uns auch bei unseren Kindern entschuldigen.

Manche Entwicklungen beim Partner oder bei Kindern müssen wir akzeptieren und Ja dazu sagen. Sonst kämpfen wir ständig an den falschen Stellen und vergeuden unsere Kraft mit Ärger und Frustration, was letztendlich doch nichts bewirkt.

Unser Leben ist keine ständige Erfolgslinie, sondern es gehören Fehler, Schatten und Scheitern dazu. Wenn wir zurückschauen, wird uns vieles bewusst, was wir im Nachhinein vielleicht anders gemacht hätten. Aber wir können das Rad nicht zurückdrehen, sondern wir dürfen nach vorne gehen. Das ist das große Angebot Gottes über jedem Leben: Wir dürfen jeden Tag mit seiner Gnade von vorne beginnen und aus seiner Vergebung leben. Versagen und Scheitern sind kein endgültiges Urteil über unserem Leben, sondern Gottes Ja gilt jeden Tag neu.

Keine Schuld ist so groß, dass Gott sie nicht vergeben könnte.

»Die Strafe liegt auf ihm, auf dass wir Frieden hätten, und durch seine Wunden sind wir geheilt« (Jesaja 53,5).

Alle verzweifelten Vorwürfe und Selbstanklagen dürfen bei Christus abgelegt werden. Er kann und will auch die schwerste Schuld wegnehmen und die verletzte Seele heilen und neu aufrichten. Egal, wie groß und schwer die Schuld ist. Wenn wir sie vor Gott bekennen, vergibt er. In seinem Sterben hat Christus die Macht der Sünde und der finsteren Bindungen gebrochen. Seine Auferstehung ist Garant für die Gültigkeit der Vergebung und Beweis seiner verwandelnden Kraft.

Wenn wir Bilanz ziehen, können wir vielleicht auch zu der Erkenntnis kommen, dass wir etwas ändern müssen, vielleicht sogar grundlegend. Scheitern und Versagen können auch große Chancen zur Umkehr sein. Wenn wir erkennen, was wir falsch gemacht haben oder was in unserem Leben, in unseren Beziehungen, in unserer Ehe schiefgelaufen ist, dann kann dies eine Chance sein, an entscheidenden Stellen etwas zu verändern, dem Leben eine neue Richtung zu geben, etwas ganz Neues zu beginnen und alte Verhaltensmuster oder auch Orte und Aufgaben zu verlassen.

Dankbarkeit einüben

Für das Gute aus der Vergangenheit zu danken, hilft beim Loslassen. Das hebräische Wort für »danken« bedeutet auch *anerkennen, bekennen*. Im Danken stelle ich einen Bezug zwischen Gott und meinem Erleben her.

Auch wenn wir nicht unbedingt ein Gefühl der Dankbarkeit in uns spüren, können wir doch unseren Dank versuchen in Worte zu fassen. Danken hängt mit Denken zusammen. Im Denken fängt das Danken an, damit geben wir unseren Gedanken eine neue Blickrichtung, eine Hinwendung zu Gott. Die alltäglichen Dinge unseres Lebens, auch die belastenden, sollen wir in Gottes Gegenwart bringen und uns voll Vertrauen ihm zuwenden.

Denn: »Dankbarkeit ist die Wachsamkeit der Seele gegen die Kräfte der Zerstörung« (Gabriel Marcel).

Darum werden wir in Psalm 103,1 ermahnt: »Lobe den Herrn, meine Seele, und vergiss nicht, was er dir Gutes getan hat.«

Je nachdem, worauf wir unsere Gedanken ausrichten, ob an positiven oder negativen Erlebnissen und Erinnerungen, bekommen wir einen unterschiedlichen Blick auf Gewesenes. Die Definition der Vergangenheit hat also etwas mit dem Filter zu tun, den wir an unsere Gedanken anlegen.

Wenn wir die Vergangenheit oder zumindest einige Aspekte in ihr dankbar sehen lernen, können wir sie damit auch Gott überlassen und das in seine Hand legen, was ungeklärt oder schwer zu verstehen ist. Wenn die Vergangenheit auf diese Weise in Gottes Hand ist, muss sie nicht mehr ständig in unseren Gefühlen störend auftauchen, nicht wie ein Schatten über unserer Seele liegen. Wir können dann mutiger und offener Zugang zur Gegenwart finden und damit zu einem unbeschwerteren Lebensgefühl.

5. Freiräume schaffen in der Gegenwart

Prioritäten setzen

Setzen Sie sich an einen ruhigen Platz, aufgeräumten Tisch oder in einen bequemen Sessel, an einen Ort also, an dem Sie zur Ruhe kommen können. Stellen Sie sich vor, Ihr Leben oder auch nur der vor Ihnen liegende Tag sei wie eine vollgeschriebene Tafel – überfüllt und unsortiert. Sie nehmen in Gedanken einen Lappen und wischen alles weg und überlegen neu: Was ist wirklich wichtig?

Und dann fangen Sie aufs Neue an, die Tafel zu beschriften. Was keinen Platz mehr neben dem wirklich Wichtigen hat, das können Sie auch getrost zur Seite lassen.

Ein Philosophieprofessor eröffnete seine Vorlesung mit folgenden Worten: »Es geht heute um das Thema ›Zeitmanagement‹ und wir werden dazu ein Experiment machen.«

Er nahm ein Goldfischglas, stellte es auf den Tisch und füllte es mit einigen großen Steinen, bis keine weiteren mehr hineinpassten.

Er blickte in die Runde und fragte: »Ist das Glas voll?« Die Studenten antworteten im Chor: »Ja«. – »Wirklich?« Der Professor nahm eine

Schachtel, öffnete sie und kippte kleine Kieselsteine in das Glas und schüttelte es dabei leicht.

Die kleineren Steine füllten die Zwischenräume zwischen den großen Steinen.

Dann blickte er wieder in die Runde und fragte erneut: »Ist das Glas voll?« Einer der Studenten antwortete und sagte: »Sehr wahrscheinlich nicht.« – »Gut«, antwortete der Professor. Nun nahm er ein Glas voller Sand und begann diesen in das Glas zu schütten.

Der Sand füllte die Löcher zwischen den Steinen und dem Kies. Der Professor blickte auf seine Studenten und fragte: »Welche Erkenntnis lässt sich mit diesem Experiment demonstrieren?«

Ein Student: »Das beweist: Auch wenn man glaubt, der Kalender sei voll, so kann man immer noch mehr Termine hinzufügen, wenn man nur will.« – »Nein«, antwortete der Professor, »genau das bedeutet es nicht, sondern: Wenn man die großen Steine nicht zuallererst in das Glas legt, finden sie später keinen Platz mehr!«

In das nachdenkliche Schweigen hinein fragte der Professor: »Welches sind denn die großen Steine in Ihrem Leben? Gesundheit? Familie? Freunde? Kinder? Träume? Lernen? Lachen? Oder ist es in Wirklichkeit Geld? Reichtum? Anerkennung? Ehre? Leistung? Welche Themen sind so große Brocken im Leben geworden, dass andere keinen Platz mehr haben?

Machen Sie sich bewusst, was in Ihrem Leben wirklich wichtig ist. Wenn man dem nicht zuallererst Platz im Leben einräumt, läuft man Gefahr, dass dies keinen Platz mehr bekommt und wir werden darüber unzufrieden und unglücklich.

Wenn man den unbedeutenden oder weniger wichtigen Dingen im Leben (wie hier im Beispiel, Kies, Sand oder Wasser) den Vorrang gibt, füllt man sein Leben mit Nichtigkeiten. So wird schnell die kostbare Zeit fehlen, uns den wirklich wichtigen Dingen des Lebens zu widmen.

Was sind die großen Steine Ihres Lebens? Legen Sie diese ganz bewusst zuerst hinein.

Denn wenn wir andersherum anfangen, zuerst mit dem Sand und den kleinen Dingen des Lebens, dann haben die wirklich wichtigen schlussendlich keinen Platz mehr.

Würden wir das Glas andersherum füllen, zuerst mit Sand und kleineren Steinen, so würden die großen Steine darin keinen Platz mehr haben und das Glas würde drohen umzukippen oder die großen Steine würden herausfallen.

Schauen wir uns die einzelnen Inhalte nochmals an. Was sind die wirklich wichtigen Dinge im Leben?

Beziehungen, in denen wir leben, Ehe, Kinder, Freunde.

Was will ich in den Beziehungen? Wie will ich diese gestalten? Wie möchte ich am Ende des Lebens darüber denken? Wie kann ich in den Beziehungen mit anderen und mit mir selbst versöhnt sein?

Zu den wichtigen Dingen gehören auch der Beruf, Hobbys und ehrenamtliches Engagement.

Auch da ist eine grundsätzliche Klärung hilfreich: Entsprechen meine Tätigkeiten meinen Gaben? Kann ich die mir wichtigen Dinge des Lebens darin gestalten oder verwirklichen?

Ein wesentlicher Anteil für die Erfahrung von Lebensglück besteht darin, dass wir wissen, dass wir etwas Sinnvolles in dieser Welt tun können. Dass unser Leben nicht vergeblich ist. Am ehesten gelingt das, wenn unser Tun den uns von Gott gegebenen Gaben entspricht. Wenn sich die Fähigkeiten, die wir von ihm empfangen haben, in unseren Aufgaben entfalten und entwickeln können. Wenn unser Tun letztlich ihn ehrt und nicht uns selbst.

Prioritäten zu setzen, hilft uns zu mehr Zufriedenheit im Leben, zu einem Gefühl des Gelingens und des Geordnetseins des Lebens. Es ist eine Hilfe zum Umgang mit der Überfüllung der Zeit, mit Überforderung durch Überangebot.

Prioritäten setzen heißt in der Gestaltung unseres Alltags – auch in den kleinen Dingen: das Wichtige zuerst.

Wer Prioritäten hat, kann besser sortieren und zu Überforderung und Grenzüberschreitung von Seiten anderer leichter nein sagen. Prioritäten setzen Grenzen. Wenn das Glas voll ist, ist es voll. So schaffen Grenzen wertvollen Inhalt, Sicherheit und Geborgenheit.

Am ehesten finden wir zur Klärung dieser Fragen im Hören auf Gott. So wie unser ganzes Leben gehört auch unsere Zeit Gott – wenn ich mit ihm leben will, heißt das, dass ich auch meine Zeit unter seiner Führung einteilen und gestalten kann.

Zeitplanung

Zeitplanung ist nicht alles und Zeitplanung ist immer auch Typsache. Wie in Kapitel 3 beschrieben, können vor allem die »Gegenwartsorientierten« am schlechtesten planen oder Ordnung halten. Eine Forderung nach Durchstrukturierung ihres Tagesablaufes passt nicht zu ihnen, sondern überfordert sie und macht sie unzufrieden. Sie bekommen es trotzdem nicht auf die Reihe und werden durch Zeitspartipps nur belastet. Statt Zeit zu managen, sollten sie darum die eigenen Kräfte, die zur Verfügung stehenden Energien ins Blickfeld nehmen und diese managen, also nicht die Zeit anschauen, sondern die persönlichen Energiereserven.

Wenn der Kopf überfüllt ist oder der Körper müde, nützt es nichts, Überstunden zu machen, denn dann kann man nicht mehr effektiv arbeiten.

Fehlende Energiespeicher werden mit ausreichend Schlaf und der richtigen Ernährung wieder aufgefüllt. Also morgens frühstücken und regelmäßige Mahlzeiten. Das Schlafbedürfnis ist bei uns Menschen unterschiedlich. Schon ein kleines Schlafdefizit reicht aus, um Produktivität und Leistungsfähigkeit deutlich herabzusetzen. Aktivitätszeiten müssen Ruhepausen folgen. Deswegen ist es wichtig, den eigenen Tagesrhythmus und Arbeitsstil zu kennen. Wir müssen versuchen, die eigenen Ressourcen und Kräfte mit dem eigenen Stil ins Gleichgewicht zu bringen. Dies gelingt am ehesten, wenn wir akzeptieren, dass Menschen verschieden sind, verschieden viel Energiereserven haben und unterschiedlich mit ihrer Zeit umgehen. So wird der Weg frei, sich über die zur Verfügung stehenden Möglichkeiten zu freuen und mit einer neuen Gelassenheit an die Lebensgestaltung heranzugehen.

Für die, die gerne ihre Zeit planen, nachfolgend noch einige Tipps. Trotz sorgfältiger Zeitplanung gilt jedoch: Es kann immer wieder Überraschungen und Unterbrechungen geben. Ein Tag kann ganz anders verlaufen als geplant. Trotzdem sind wir in alldem und mit dem in der Hand Gottes. Möglicherweise ist Gott gerade in der Durchkreuzung unserer Zeitplanung in besonderer Weise am Werk.

Eine Aufgabenliste und das ABC-Prinzip

Egal ob im Beruf oder im Haushalt, eine Aufgabenliste (To-do-Liste) hilft, Wichtiges nicht zu vergessen. Dabei kann das ABC-Prinzip eine Hilfe sein: Die verschiedenen Aktivitäten müssen nach ihrer Wichtigkeit bzw. Dringlichkeit bewertet werden. Diese Bewertung kann man mit der sogenannten ABC-Analyse vornehmen. Diese ist sehr leicht anwendbar und bei konsequenter Umsetzung auch sehr effektiv. Wer sich auf sie stützt, kann Stress vermeiden. Die ABC-Analyse bedeutet:

A-Aufgaben: Alle Aufgaben, die wichtig und dringend sind.

B-Aufgaben: Alle Aufgaben, die durchschnittlich wichtig, aber nicht sehr dringend sind.

C-Aufgaben: Weniger wichtige Aufgaben und Routinetätigkeiten.

Wenn wir unsere Zeiteinteilung mithilfe der ABC-Analyse untersuchen, kommen wir dabei möglicherweise zur Erkenntnis, dass wir uns bei einem Großteil der Arbeit nicht an der Wichtigkeit einer Aufgabe orientieren, sondern an unseren Vorlieben, am Druck anderer und an vielerlei Zufällen. Wir wenden die meiste Zeit für weniger wichtige Aufgaben, die täglichen Routineaufgaben und sonstigen Kleinkram auf, während die wirklich wichtigen Dinge vernachlässigt und plötzlich ganz dringend werden. Genau dadurch entsteht Stress und Unzufriedenheit.

Aufgaben, die auf jeden Fall bis zu einem bestimmten Zeitpunkt erledigt werden müssen, sollten wir möglichst bald in Angriff nehmen, damit wir nicht kurz vor dem Termin der Fertigstellung in Stress und Hektik kommen.

Wichtige Gespräche, die zur Entscheidungsfindung verhelfen, sollten wir rechtzeitig führen und nicht erst im letzten Moment. Sonst können mögliche Alternativen vielleicht nicht mehr zum Zug kommen, da es dafür dann eventuell schon zu spät ist.

Die Frage nach den Prioritäten in der Aufgabenliste heißt: Was ist heute bzw. morgen am wichtigsten? Was muss ich zuerst tun, damit das Wichtige auch wirklich erledigt ist? Es ist hilfreich, sich das – wenn möglich – schon am Abend vorher zu überlegen. Das bereitet uns innerlich vor. Vielleicht leistet unsere Seele dann durch innere Bilder in der Nacht schon Vorarbeit und wir sind am nächsten Morgen gut motiviert und auf den Tag vorbereitet.

Einen Terminkalender führen

Ein Terminkalender ist eine große Hilfe, um sich vor bösen Überraschungen, Terminüberschneidungen und Vergesslichkeit zu schützen. Wie immer dieser Kalender aussieht, ob es ein Taschenkalender, elektronischer Timer, Tischkalender oder ein Familienwandkalender ist – er muss zu Ihnen passen. Nur dann werden Sie ihn gerne führen und er wird Ihnen eine wirkliche Hilfe sein. Viele, die früher vom Taschen-PC-Planer geschwärmt haben, kehren inzwischen wieder zu dem übersichtlicheren Handkalender zurück, den sie mit Bleistift und Radierer besser führen können und bei dem sie einen schnelleren Überblick – auch über größere Zeiträume – gewinnen können.

Arbeitsstil erkennen

Nicht alle Menschen haben den gleichen Arbeitsstil. Es gibt »Volltischler« und »Leertischler«, also solche, die gerne an einem vollen Schreibtisch, und andere, die nur an einem leeren Schreibtisch arbeiten können. Die Unterschiede beim Zeitmanagement kann man im Wesentlichen in zwei unterschiedlichen Arbeitsstilen zusammenfassen: den »Mosaikstil« und den »Blockarbeitsstil«.[12] Menschen, die den *Mosaikstil* bevorzugen, arbeiten lieber in kurzen Arbeitseinheiten und wechseln gerne die Tätigkeitsfelder. Auch kurze Zeitsequenzen können so intensiv genutzt werden. Die Gefahr beim Mosaikstil ist allerdings, dass zu viele Projekte angefangen werden und keines zu Ende geführt wird.

Menschen, die *Blockarbeitsstil* lieben, arbeiten gerne intensiv in langen ruhigen Arbeitseinheiten ohne Unterbrechung. Von den meisten Menschen wird dieser Stil als der einzig sinnvolle und besser organisierte beurteilt. Doch das stimmt so nicht.

Beide Stile haben ihre Berechtigung und es ist hilfreich zu erkennen, zu welchem Typ wir gehören. Sobald wir zu unserem Arbeitsstil ein Ja gefunden haben, können wir uns mit der Organisation unserer Tätigkeit und Zeitplanung darauf einstellen.

Gründe für »Aufschieberitis« erkennen

Wer ständig wichtige Aufgaben vor sich herschiebt, gerät auf lange Sicht unter Stress und Zeitdruck. Aber auch die persönliche Motivation leidet, das eigene Selbstbild und die Außenwirkung wird beschädigt. Darum ist es gut, zu erkennen, warum wir manche Dinge nicht tun. Mögliche Gründe dafür können folgende sein:

Langeweile: Die Aufgabe passt nicht zu mir. Sie macht mir keinen Spaß. Ich fühle mich dabei unterfordert. Wenn die Aufgabe nur von mir erledigt werden kann, sollte ich mich fragen, wie ich sie durch Veränderung der Abläufe oder des Arbeitsstils interessanter gestalten kann. Wenn sie auch von anderen getan werden kann, kann ich sie eventuell auch delegieren.

Überforderung: Die Aufgabe überfordert mich, ich bin ihr nicht gewachsen. Konsequenz: Entweder kann ich durch die Herausforderung etwas dazulernen und mich der Aufgabe stellen oder ich muss davon Abstand nehmen und anderen die Bewältigung dieser Aufgabe überlassen.

Unangenehme Erinnerung: Eine Aufgabe erinnert mich an Unbewältigtes, an negative Erfahrungen. Konsequenz: Entweder ich konfrontiere mich damit oder ich komme zu dem Ergebnis, dass ich noch warten muss, bis ich auch die Erinnerungen, die mit der Aufgabe verbunden sind, an mich heranlassen kann.

Ausreden oder falsche Denkmuster: »Diese Aufgabe ist entwürdigend.« – »Ich bin der Aufgabe nicht würdig.« Konsequenz: Wir sollten hier die eigenen

Denkmuster überprüfen und auch im Gespräch mit anderen Menschen zur Klärung finden. Dann können wir die entsprechende Lösung angehen: die Aufgabe erledigen oder an andere delegieren.

Selbstbelohnung

Für jede Aufgabe, bei der wir uns schwertun, können wir uns eine Belohnung ausdenken, die uns wirklich motiviert und bei der die Vorfreude auf die Belohnung stärker ist als unsere Gründe, die Aufgabe vor uns herzuschieben. Zwei Dinge sind dabei ganz wichtig: Zum einen dürfen wir uns wirklich erst dann belohnen, wenn wir unsere Aufgabe erfüllt haben. Vorher belohnen gilt nicht, da sonst die Motivation weg ist. Zum anderen müssen wir uns, wenn wir die Aufgabe erfüllt haben, dann auch tatsächlich belohnen. Wenn wir uns selbst betrügen, dann funktioniert diese Art der Motivation nicht mehr.

Ein Sprichwort bringt es auf den Punkt: *Erst die Arbeit, dann das Vergnügen.*

Das Pareto-Prinzip oder: Weniger ist mehr

Viele erliegen in ihren Aufgaben ihrer Perfektion und ihren zu hohen Erwartungen an sich selbst. Sie stecken sich zu hohe Ziele, an denen sie schlussendlich scheitern.

Es gibt eine scheinbar unerklärbare Wechselwirkung zwischen der Zeit, die uns für eine Aufgabe zur Verfügung steht, und der Zeit, die wir tatsächlich dafür brauchen. Meist brauchen wir genauso viel Zeit, wie uns zur Verfügung steht. Somit kann sich fast jede Aufgabe ins Unendliche dehnen lassen – oder eben auch schneller erledigt werden.

Vilfredo Pareto fand heraus, dass sich viele Aufgaben mit einem Einsatz von ca. 20 Prozent so erledigen lassen, dass 80 Prozent aller Probleme gelöst werden. Anders gesagt: In 20 Prozent der zur Verfügung stehenden Zeit können 80 Prozent der Aufgaben erledigt werden. Die restlichen 20 Prozent der Aufgaben benötigen 80 Prozent der zur Verfügung stehenden Zeit.

Wenn wir immer wieder unter Zeitdruck geraten, sollten wir nicht noch mehr oder noch schneller arbeiten, sondern unsere Ziele überprüfen und die Messlatte senken.

Vier Fragen können dabei eine Hilfe sein:
- Warum gerade ich?
- Warum gerade jetzt?
- Warum auf diese Weise?
- Warum überhaupt?

Wenn wir an unsere Aufgaben mit der Frage »Warum gerade ich?« herangehen, erkennen wir, ob wir delegieren können. Mit der Frage »Warum gerade jetzt?« entscheiden wir, ob diese Aufgabe jetzt wirklich dringend ist. Durch die Frage »Warum auf diese Weise?« beginnen wir, unseren Stil zu hinterfragen und eventuell zu verändern. Und mit der Frage »Warum überhaupt?« erkennen wir, ob manche Aufgaben wirklich für uns bestimmt sind oder ob wir sie nicht einfach lassen können.

Diese Entlastungsfragen helfen dabei, dass viel mehr Zeit für die wirklich wesentlichen Dinge zur Verfügung steht.

Denn weniger ist oft mehr. Wenn wir auf Aufgaben, Programm, Aktivität oder Fernsehen verzichten, kann dies sehr entspannend und erholsam sein und ganz neue Freiräume schaffen.

Ein Professor gab seinen Studenten folgenden Rat: »Sie müssen in Ihrem Terminkalender nicht nur Zeiten für Ihr Tun eintragen, sondern auch Zeiten für Ihr *Sein*.«

Auch ohne Leistung und Aktivität ist das Leben, bin ich wertvoll.

Es kann im Leben sehr befreiend sein, mit weniger Anspruch an sich selbst, an Aufgaben oder an andere Menschen heranzugehen.[13]

Ereigniszeit beachten

Jedes Ereignis braucht oder hat seine Zeit – sogenannte Ereigniszeit, also die Zeit, die ein Ereignis braucht, bis es zu Ende ist. Die Dauer kann man häufig nicht im Voraus mit der Uhr planen oder einschätzen. Kinder, Behinderte, aber auch Kranke oder Sterbende machen uns das vor: Es braucht eine gewisse Zeit, bis ein Bilderbuch zu Ende angeschaut oder ein Teller leer gegessen ist. Es braucht Zeit, bis Menschen sich ausgesprochen oder einander in der Tiefe wahrgenommen haben.

Zeitforscher[14] machen darauf aufmerksam, dass andere Kulturen viel stärker nach der Ereigniszeit leben als wir. Sie unterscheiden zwischen »zeitbewussten« Ländern wie z. B. Deutschland, Schweiz, Großbritannien und skandinavische Länder und »zeitvergessenen« Ländern wie südamerikanische oder afrikanische Staaten, aber auch Spanien, Portugal, Griechenland und Süditalien. In diesen Ländern wird mehr nach der Ereigniszeit gelebt. Der Beginn und das Ende eines Ereignisses wird nicht nach der Uhrzeit definiert, sondern mit dem Eintritt bestimmter Ergebnisse, wenn die Zeit dafür reif ist. Kulturen, die nach der Ereigniszeit leben, drücken dies auch sprachlich aus: So definieren sie zum Beispiel eine halbe Stunde mit »so lange, wie das Reiskochen braucht«. Dauert etwas nur einen kurzen Moment, dann dauert das »so lange, bis eine Heuschrecke gebraten ist«. In Burundi heißt es: »Wir sehen uns, wenn die Kühe trinken gehen.« Oder: »Der Gottesdienst beginnt um 10 Uhr und 10 Uhr ist, wenn alle da sind.«

> *Ihr aus Europa habt die Uhr.*
> *Wir in Afrika haben die Zeit.*
> *Sprichwort aus Afrika*

In »zeitbewussten« Ländern ist es erlaubt, von Terminen zu reden, auf die Uhr zu schauen, bei einem Fest früher zu gehen. In »zeitvergessenen« Ländern ist solches Verhalten eine Kränkung, da die Beziehungen immer Vorrang vor der Uhrzeit, Terminen und Planungen haben.

Auch Menschen in unseren Breitengraden, die in der Landwirtschaft oder Tierhaltung tätig sind, müssen sich mehr nach den Rhythmen der Natur und nach der Ereigniszeit ausrichten. Man muss abwarten, bis die Hühner so groß sind, dass sie Eier legen. Nach dem Lammen steht kaum Schafsmilch zur Verfügung, um daraus Käse machen zu können, weil die Milch zur Ernährung der jungen Lämmer gebraucht wird. Getreide oder Obst kann erst geerntet werden, wenn es reif ist. Eine Kuh gibt erst dann Milch, wenn sie das erste Kalb geboren hat. Diese Sichtweise auf die Zeit schenkt eine entspanntere Haltung und macht gelassener.

Im Griechischen gibt es zwei Begriffe für »Zeit«. Diese finden wir auch in der Bibel: Zum einen wird von *chronos* gesprochen, das ist entweder ein Zeitpunkt oder ein Datum (Matthäus 2,7: »Da rief Herodes die Weisen heimlich zu sich und erkundete genau von ihnen, wann der Stern erschienen wäre«) oder die Länge oder Dauer eines Zustandes (Johannes 7,33: »Ich bin noch eine kleine Zeit bei euch, und dann gehe ich hin zu dem, der mich gesandt hat.«) – also die dahinlaufende Zeit, in der wir uns befinden und die den Verlauf unseres Lebens begleitet.

Der zweite Begriff ist *kairos*, die rechte Zeit, die passende Zeit, der Zeitpunkt, in dem sich etwas Besonderes ereignet. Jesus beginnt sein Wirken mit dem Satz: »Die Zeit ist erfüllt und das Reich Gottes ist herbeigekommen« (Markus 1,15). Jetzt ist die Zeit, in der Gott gegenwärtig sein und in ihr wirken will. Beim Laubhüttenfest sagt Jesus (Johannes 7,8): »... denn meine Zeit ist noch nicht erfüllt.« Vor dem Abendmahl sagt er (Matthäus 26,18): »Meine Zeit ist nahe ...« Mit *kairos* bezeichnet die Bibel oft den konkreten Zeitpunkt des Wirkens Gottes im Hier und Jetzt. Im alten Griechenland wurde *kairos* als Skulptur dargestellt, von deren Kopf ein zusammengebundener Haarzopf fällt und an dem man sich festhalten kann. Unser Sprichwort »Die Gelegenheit beim Schopf ergreifen« geht auf diese bildliche Darstellung von *kairos* zurück.

Kairos ist der Zeitpunkt, der zum Schauplatz des Wirkens Gottes werden soll und der das Leben oder den Verlauf der Ereignisse grundlegend verändern kann. Ein Eingreifen Gottes in unsere Zeit und ein Herausgenommensein aus den Zwängen der Zeit.

In Prediger 3,1 ist auch von zwei unterschiedlichen Zeitbegriffen die Rede. In der griechischen Übersetzung heißt es: »Alles hat sein *chronos* (Zeitverlauf) und alles Vorhaben unter dem Himmel hat seinen *kairos* (besonderen Zeitpunkt).« Das Schöne und Schwere, Ausreißen und Pflanzen, Weinen und Lachen, Klagen und Tanzen, Suchen und Verlieren, Zerreißen und Zunähen, um nur einige der Begriffe zu nennen, die im »kairos« geschehen.

In unserem *chronos*, unserer dahinlaufenden Zeit, soll sich *kairos* ereignen. Jede Stunde unseres Lebens-*chronos* kann so *kairos*, zum Ereignis mit Gott werden, das unsere Denkmuster verändert, das unsere Planungen durcheinanderbringen kann, das unserem Leben eine neue Richtung gibt. Solch ein *kairos* im Leben kommt oft völlig unerwartet und plötzlich. Auch schwere Erlebnisse können sich im Rückblick als Ort der besonderen Begegnung mit Gott, als *kairos*, erweisen.

Warten lernen

Manchmal kommen wir in Situationen, in denen wir aus dem Strudel unseres Alltags gerissen werden und nur noch warten können. Wege, die wir gehen oder fahren, können voller Hindernisse sein. Ein Gespräch dauert länger, Menschen werden müde, Projekte brauchen mehr Zeit als gedacht, Unternehmungen entwickeln sich in eine andere Richtung, Pläne werden nicht eingehalten. Wir stehen im Stau oder sitzen in einem Zug fest. Wir müssen mit einem Verwandten schnell zum Arzt. Es gibt einen Stromausfall. Wir sind durch eine Naturkatastrophe von der Außenwelt abgeschnitten. Solche Ereignisse können einerseits unruhig machen und inneren Stress verursachen, weil Termine oder Verabredungen nicht eingehalten oder Aufgaben nicht fertig gestellt werden können. Andererseits können sie zum *kairos Gottes* für unser Leben werden. Wir haben nicht selten bei solchen Ereignissen das Gefühl, in eine andere Welt, in ein anderes Zeitempfinden versetzt zu werden. »Die Welt bleibt stehen.« Fragen tauchen auf: Was mache ich hier? Wie lebe ich eigentlich? Wäre das andere wirklich so wichtig? Wie kommen die anderen ohne mich zurecht? Was passiert stattdessen?

In solchen Warteschleifen kann in uns ganz Wesentliches passieren, ein grundsätzliches Nachdenken, ein Hinterfragtwerden. Wir begegnen uns selbst oder anderen Menschen neu.

Ich erinnere mich noch gut an eine Situation, in der ich mitten im Umzug war und »nur kurz« bei

Verwandten einiges abgeben wollte, das diese noch brauchen konnten. Danach wollte ich sofort wieder fahren und weiterpacken. Der Sohn der Familie holte aus Freude über meinen Besuch eine Flasche Sprudel aus dem Keller, stürzte unglücklich auf der Treppe, die Sprudelflasche zerbrach und er zog sich eine tiefe Schnittwunde am Fuß zu. Da nur ich ein Auto zur Verfügung hatte, musste ich die Mutter mit allen Kindern ins Krankenhaus fahren und warten, bis die Wunde genäht war. Dies alles nahm einige Stunden in Anspruch. Zunächst ärgerte ich mich sehr über diesen Zeitverzug, aber dann hörte ich Gottes Reden sehr deutlich. Grundsätzliches an Fragen kam da an mich heran: Was machst du dir nur für einen Stress! Komm zur Ruhe, konzentriere dich auf das Wesentliche. Ist all dein Gewirbel wirklich so wichtig? Muss alles immer nach *deinen* Plänen ablaufen? Was ist denn wirklich wichtig?

Warten oder warten müssen setzt Reifeprozesse in Gang. So ging es mir in diesem »Wartezimmer«.

In Wartezeiten kommen neue und bisher unentdeckte Inhalte zum Vorschein: die Qualität des Heute und Hier, neue Sichtweisen auf die momentane Situation und die Vorfreude auf das Ziel. Warten zu können, ist ein Zeichen von innerer Sicherheit und Stabilität. Wer warten kann, kann etwas aushalten, kann etwas durchstehen, kann Geduld lernen.

Durch Warten kann sich Vielfältigkeit, Gründlichkeit, Intensität und auch Verantwortungsbewusstsein entwickeln.

Auch an verschiedenen Nahrungsmitteln können wir das beobachten. Wenn wir deren Reifezeit nicht abwarten, merken wir das am Geschmack. Erdbeeren im Winter, Ackersalat im Sommer oder Tomaten aus dem Gewächshaus sind geschmacklich nicht mit dem in der entsprechenden Jahreszeit und mit längerer Dauer herangereiften Obst oder Gemüse zu vergleichen.

Brot, das mit Schnellsauerteig gebacken ist, Fleisch, das nicht abgehangen wurde, Käse, der nur kurz gereift und künstlich aromatisiert wird, verdirbt uns langfristig den Geschmackssinn und den Appetit.

So ist das auch im Leben. Ohne Warten und Erwartung wird das Leben inhaltsleer: keine Vorfreude, keine Geduld, keine Präsenz, keine Aufmerksamkeit für den Moment, kein Reifen der Persönlichkeit.

»Zeitfreiheit« entwickelt sich durch die Fähigkeit, verzichten und warten zu können.

Tipp: Freuen Sie sich auf die nächste Wartezeit und seien Sie gespannt auf das, was sich darin ereignen wird.

Sich Pausen erlauben

Pausen erhöhen die Lebensqualität und den Genuss. Stellen Sie sich vor, Sie würden einen pausenlosen Vortrag anhören müssen oder ein Musikstück ohne Pausen. Das wäre nicht auszuhalten. Wir könnten das nicht genießen.

Gerade erst die Pausen bringen Spannung und Qualität in unser Leben. Das beste Beispiel dafür ist die Erhöhung der Spannung durch Pausen in einem Konzert oder in einem Theaterstück.

In den Pausen kommen wir zum Nachdenken oder Hinterherdenken. Das lateinische Wort *pausa* bedeutet: innehalten. In den Pausen verlieren wir keine Zeit, sondern wir leben sie.

Je weniger Pausen wir machen, desto pausenloser wird das Leben. Der menschliche Körper ist auf Rhythmus und auf Pausen hin angelegt, nicht nur auf Wochenrhythmen und Jahreszyklen, sondern auch auf einen Tagesrhythmus: Herzschlag, Hormonlevel, Muskelspannung, Atmung und Hirnaktivität folgen bestimmten körpereigenen Rhythmen von Anspannung und Entspannung. Diese haben auf unsere Leistungsfähigkeit Einfluss. Darum müssen wir im Laufe des Tages regelmäßig Pausen einlegen. Das Bedürfnis danach zeigt sich zum Beispiel durch Gähnen, Hunger, innere Unruhe, Müdigkeit oder Konzentrationsschwierigkeiten. Solche Signale sollten wir nicht missachten.

Kleine Pausen am Tag erhöhen die Leistungsfähigkeit. Berufstätige sollten die vom Arbeitgeber vorgegebenen Pausen unbedingt nutzen. Nicht die Länge der Pause, sondern die Regelmäßigkeit und die Qualität derselben ist entscheidend.

Also sollten wir innerlich auf ein anderes Programm umschalten, das Bisherige loslassen. Ein kurzer Mittagsschlaf kann wahre Wunder bewirken. Es wurde nachgewiesen, dass 20 Minuten Schlaf am Nachmittag mehr Energie spenden als morgens 20 Minuten länger zu schlafen. Andere Möglichkeiten der Pausengestaltung: sich hinsetzen; einen Moment ausruhen; mit Gott ins Gespräch kommen; etwas lesen; Musik hören; entspannen; etwas trinken; tief durchatmen; ein heißes Bad nehmen; etwas Kreatives machen: mit Kindern ein Spiel machen, musizieren, spazieren gehen, Sport treiben.

All das sind kreative und höchst ergiebige Pausen. Jeder Mensch ist anders veranlagt. Es ist gut, die eigenen körperlichen Bedürfnisse kennenzulernen, auf seinen Körper zu hören und die Signale der Seele zu beachten und dann darauf zu reagieren.

Spiegeln kann man sich nicht
im fließenden Wasser,
sondern nur im stehenden.

Eine interessante Folge von Pausen: Die geistige Kraft und die Kreativität des Denkens nimmt zu. Gerade in Pausen sortiert sich unser Inneres neu und wir gehen mit neuen Ideen, neuen Blickwinkeln und neuer Kraft an die Arbeit zurück.

> Tipp aus der Schweiz: Plant eure Tage wie einen Schweizer Käse, viel Festes und eine Menge Löcher. Also eine klare Grundstruktur, aber ebenso Zeit für Pausen und Unvorhergesehenes.

Rhythmus leben

Gott gab schon in der Schöpfungsgeschichte unserem Leben einen Rhythmus. Darum brauchen wir Zeit-Ordnungen für ein erfülltes Leben:

- Zeiten der Ruhe und der Pause wie den Sonntag.
- Zeiten der Stille und des Hörens im Gebet.
- Den Rhythmus von Anfang und Ende eines Ereignisses, einer Begegnung oder einer Epoche.

Wir brauchen Tagesrhythmen, Wochenrhythmen, aber auch den Rhythmus des Jahres und des Kirchenjahres.

Im Familienleben sind Rituale und Rhythmen eine große Hilfe, den Alltag zu ordnen und Erziehung inhaltsvoll zu gestalten.

Die Sehnsucht nach guten Gewohnheiten und Ritualen gehört zu den Grundbedürfnissen des Menschen. Ein Ereignis wird zum Ritual, wenn es kein einmaliges Erlebnis ist, sondern sich wiederholt, zu bestimmten Zeiten oder aufgrund bestimmter Anlässe wieder stattfindet. Durch Wiederholung wird ein Gefühl, ein Erlebnis, ein Eindruck »wieder hergeholt« und das damit Erlebte wieder erinnert. So geben Rituale Halt, schaffen Gemeinschaft und bewirken Vertrauen, sind Fixpunkte im Leben des Menschen. Sie bringen Struktur in den Alltag, erleichtern die Kommunikation, schaffen einen Rahmen für die eigene Identität, vermitteln Sicherheit, knüpfen an kulturellen Wurzeln an und geben Halt in Krisensituationen.

Den Sonntag gestalten

Gott hat den Sonntag für uns Menschen geschaffen, damit wir wieder ins Gleichgewicht kommen, damit wir Ausgleich und Korrektur vor Gott finden. Wie gut, dass wir uns nicht nur über unsere Arbeit definieren müssen, dass Leistung und Erfolg nicht der einzige Sinn unseres Lebens ist, sondern dass Gott uns Pausen und Rhythmen schenkt.

Er selbst ruhte am siebten Tag, nachdem er die Schöpfung vollendet hatte, und er segnete und heiligte diesen Tag (1. Mose 2,2-3). In den Zehn Geboten (2. Mose 20) greift Gott diese ursprüngliche Ordnung auf und stellt sie uns Menschen als Hilfe für gelingendes Leben vor Augen.

Der Ruhetag vor Gott ist wie eine Tankstelle, an der wir wieder neue Kraft und Nahrung für unsere Seele bekommen sollen. Wir dürfen und sollen Pause machen.

Gerade im Kontext der Überfüllung unserer heutigen Zeit ist dieses Gebot besonders wichtig. Ein Tag in der Woche darf bewusst anders als die übrigen Tage gestaltet werden:

- Frei vom Zwang zum Konsum
- Frei von Forderungen zu Leistung und Arbeit
- Frei von Routine und Alltagszwängen

Bestimmte Dinge müssen wir am Sonntag nicht tun: Gartenarbeit, Autowaschen, Wäschewaschen oder Bügeln. Mit solchen Dingen brauchen wir uns am Sonntag nicht zu belasten. Dies ist einerseits eine Befreiung von Verpflichtungen und andererseits eine Herausforderung.

Als Familie können wir das Besondere des Sonntags in den äußeren Formen zum Ausdruck bringen:

- Ein anderer Tagesablauf
- Gemeinsam den Gottesdienst besuchen
- Zeit füreinander zum Spielen, Spazierengehen, Erzählen, Vorlesen, Besuche machen
- Festliche Tischgemeinschaft
- Besondere Kleidung

Unsere Tochter Dorothea erzählt das im Rückblick heute so:

Als kleines Mädchen hatte ich besondere Schuhe, die ich nur am Sonntag tragen durfte. Sie waren schwarz und glänzend und in meinen Augen einfach wunderschön. Die ganze Woche habe ich sie immer wieder in die Hand genommen und mich darauf gefreut, sie anzuziehen. Durch dieses und andere Rituale habe ich gelernt: Der Sonntag ist ein ganz besonderer Tag. Einer, der noch mehr Glanz und Schönheit hat als die anderen. Einer, der einlädt, das Leben aus einer unverbrauchten Perspektive zu betrachten und sich zu öffnen für die Stille, für Gott und für das eigene Wesen. (Doro Wiebe)

Sonntags-Frühstücksritual:

Als unsere Kinder klein waren, haben wir den Sonntagmorgen in besonderer Weise gestaltet. Auf dem Tisch standen drei Kerzen. Vor dem Frühstück zündeten wir diese der Reihe nach an.

Die erste Kerze war die Danke-Kerze. Wir erzählten uns, wofür wir in der Woche dankbar waren. Beim Anzünden der zweiten Kerze, der Bitte-Kerze, baten wir Gott für das, was in der nächsten Woche an wichtigen Dingen anstand.

Die dritte Kerze war die Segens-Kerze. Jedes Kind bekam den Wochenspruch auf einem Kärtchen überreicht und durfte ihn während der Woche am Bett oder auf dem Schreibtisch aufstellen.

Ein Leben ohne Feste ist
wie eine weite Reise ohne Gasthaus.
Demokrit

Man könnte auch sagen: Jeder Sonntag soll so ein Fest sein, wie ein Gasthaus auf der Reise, wie eine Tankstelle für das Auto. Ein Punkt zum Innehalten, damit wir uns nicht selbst verlieren, sondern besinnen. Die Sonntagsinhalte ermöglichen mir Rückbezüge im Lauf der Woche, die mir Halt und Stütze geben.

Was ich im Gottesdienst gehört habe, worüber ich mit anderen gesprochen habe, orientiert mich, richtet mich aus, konzentriert mich, macht mich innerlich froh.

Zeiten des Gebetes gestalten

Im Kloster von Maulbronn steht ein besonders gestalteter Brunnen mit drei verschieden großen Schalen. Er kann ein wunderbares Bild für das Leben werden: eine Schale nach der anderen füllt sich von oben her. Die volle Schale fließt über und füllt die nächste.

Die oberste Schale symbolisiert unsere Beziehung zu Gott, die Begegnung mit ihm, den Raum des Gebetes, das Hören auf ihn. Hier wird unser Leben konzentriert und sortiert.

Die nächste Schale der Beziehungen wird von dieser gefüllt und als Letztes dann der Raum unserer Aufgaben, Arbeit, Tätigkeiten. Viele Menschen vergessen heute diese Reihenfolge und drehen sie um. Die Folge: Beziehungen leiden, Arbeit wird zur Last, Begegnung mit Gott, Zeiten des Gebetes werden fast unmöglich.

Im Hören auf Gott können wir lernen, das Wichtige vom Unwichtigen zu unterscheiden.

Von Martin Luther soll der Ausspruch stammen: »Ich habe heute viel zu tun, darum muss ich heute viel beten.«

Solche Zeiten der Begegnung mit Gott sind wie Schutzräume.
Ein Beispiel von den Halligen mag das verdeutlichen.

Nachdem es in den vergangenen Jahrhunderten immer wieder zu verheerenden Sturmfluten kam, in denen manches Gebäude komplett zerstört wurde und auch viele Bewohner zu Tode kamen, gab es eine Bestimmung, wonach es auf jeder Warft einen Schutzraum geben müsse.

Dieser Raum muss so gebaut sein, dass er auch dann, wenn die übrigen Gebäude der Wucht der Wellen zum Opfer fielen, erhalten bliebe. Dies erreicht man durch besondere Stahl- und Betonkonstruktionen. Inzwischen gibt es auf jeder Warft einen solchen Raum. Dorthin können sich die Bewohner bei Sturmfluten flüchten und in Sicherheit bringen. Auch wenn nachher alles andere in Trümmern liegt, so bleiben sie in diesem Raum geschützt.

Jeder Mensch braucht solche Schutzräume für die Seele. Räume, in die wir uns flüchten können und in denen wir uns sicher und geborgen fühlen. Räume, in denen wir uns liebevoll von Gott ansehen lassen. Räume, in denen Gottes Zusage unsere Seele anrühren können.

Räume, die so sicher sind, dass es keine Grenzüberschreitungen von außen geben darf. Keine Verletzung unserer Sicherheit durch Erwartungen, Druck oder Vorwürfe anderer Menschen.

In Gebetszeiten können solche Schutzräume für die Seele entstehen.

Dorthin kann ich mich auch im Laufe des Tages immer wieder zurückflüchten, wenn mir alles zu viel wird, wenn der Alltag zu stressig ist, wenn ich nicht mehr weiter weiß (mehr siehe S. 120f.).

Solches Beten kann in das immerwährende Gebet – in das Jesus-Gebet – münden. Es wird auch das Herzens-Gebet genannt und ist eine Tradition aus den Klöstern, die sich auf das Bibelwort »betet ohne Unterlass« (1. Thessalonicher 5,17) beruft.

Mit dem Einatmen sprechen oder denken wir: »Herr Jesus Christus«. Mit dem Ausatmen: »Erbarme dich meiner«.

Oder: »Ich danke dir«; »Ich lobe dich«; »Du bist da«. So geht das Beten in unser Wesen ein, so sind wir immer in der Gegenwart Gottes, immer als betende

Menschen vor ihm. So will Gott mit uns sein und unseren Glauben stärken.

Anfang und Ende gestalten

Wenn wir nur von Geschwindigkeit, Schnelligkeit, Vorwärtskommen und Erfolg getrieben sind, sind Abschlüsse etwas Lästiges, Unangenehmes, da sie bewusst machen, dass jede Tätigkeit, mit der ich im Moment beschäftigt bin, auch ihr Ende finden wird.

Anfang und Ende – in der Bibel wird dies immer wieder thematisiert. Die Welt hat einen Anfang und ein Ende. Gott hat Anfang und Ende meines Lebens in der Hand. Christus wird immer wieder auch mit A und O – gemeint ist Alpha und Omega, den ersten und letzten Buchstaben des griechischen Alphabets – bezeichnet. So wie diese Buchstaben das Alphabet umschließen, den Anfang und das Ende markieren, so will Gott unser Leben von Anfang bis Ende umfangen.

Das kann etwas ungeheuer Tröstliches für unser Leben bedeuten, den richtigen Rahmen setzen, Sicherheit vermitteln und Geborgenheit schenken.

Wenn wir Anfänge und Abschiede nicht bewusst gestalten, wird unser Leben von einer »endlosen Beginnlosigkeit«[15] beherrscht.

Anfang und Ende dürfen wir darum bewusst in der Gegenwart Gottes sehen und dies in unseren Tages-, Wochen- und Lebensrhythmen deutlich machen:

- Den Beginn eines neuen Lebens durch Taufe oder Segnung gestalten.
- Die Geburtstage feiern.
- Den Morgen beginnen (z. B. mit einem Gebet oder dem Bibellesen).
- Den Abend beschließen (mit einem Lied, mit dankbarem Zurückblicken).
- Eine Mahlzeit beginnen (mit Tischgebet) und beenden (z. B. wenn alle fertig sind).
- Ein Spiel beginnen und gut beenden, einen fairen Umgang mit Verlierern pflegen und als Gewinner oder Verlierer positiv abschließen.
- Den Weg aus dem Haus gestalten (z. B. mit freundlichem Abschied, mit der Segnung der Kinder): Die Zeit zu Hause ist zu Ende, ein Weg in die Schule, in den Kindergarten oder zur Arbeit beginnt.
- Die Lernzeit beginnen oder beenden, Spielzeit beginnen, Arbeitszeit beenden, Erholung beginnen.

Eine *Epoche* abschließen: Kindergartenzeit, Schuljahr mit einem Fest.

Am Tag nach der Zeugnisausgabe – also am ersten Ferientag – haben wir jedes Jahr mit unseren Kindern einen Tagesausflug auf einen Berg gemacht. Oft verbunden mit einer längeren Bergtour (symbolisch für so manche Berge, die während der Schulzeit bezwungen werden mussten). Am Berggipfel gab es dann Zeugnisgeld.

Die *Berufszeit* abschließen: Viele Menschen haben genau mit diesem Übergang Schwierigkeiten, können nicht loslassen, machen es den Nachfolgern schwer, wollen sich immer noch Bedeutung geben. Sie verhindern damit Neuanfänge für die Zurückbleibenden und geben sich selbst nicht die Möglichkeit, zu neuen Horizonten aufzubrechen.

»Man muss Schluss machen, damit andere endlich anfangen können und damit man selbst wieder anfangen kann. Das Ende ist, so gesehen, der Anfang der anderen Seite.«[16]

Ein *Leben* verabschieden. Bei einer Beerdigung können wir gemeinsam das Leben des Verstorbenen würdigen, es in der Öffentlichkeit bewusst machen. Gemeinsames Begleiten bietet die Chance zu hilfreichen Erinnerungspunkten, die in der Zeit der Trauer Hilfe sein können.

Das Geschehen der Beerdigung hat einen ähnlichen Charakter wie eine Taufe oder eine Hochzeit. Die Hinterbliebenen spüren die Anteilnahme, das Getragensein, das Mittragen und Mitleiden der anderen. Die Dankbarkeit über dem Leben des Verstorbenen kann in der Trauer Halt geben. Durch den öffentlichen Akt wird deutlich: Ein neuer Abschnitt hat begonnen. Ein geliebter Mensch ist gegangen, die

Hinterbliebenen sind von nun an auf sich gestellt. Sie müssen ihr Leben neu organisieren. Alles wird von nun an anders sein. Abschiede müssen genauso wie Anfänge bewusst erlebt werden. Darum sind auch Beileidsbezeugungen am Grab so wichtig. Wir würdigen und beenden damit etwas.

Die Beerdigung macht auch deutlich, dass die Hinterbliebenen besonderen Schutz und Hilfe von denen brauchen, die nun hier beim Abschied dabei sind, die mittrauern und mitleiden, die echtes Interesse an ihnen zeigen und die bereit sind, ein Stück Weg mit ihnen zu gehen, ein Teil des Leidens mitzuertragen.

Was in der Bibel im Blick auf Trauer, Leid und Tod steht, ist in diesen Momenten sehr wichtig:

Trauer ist erlaubt. Trauer muss durchlebt und erlitten werden, aber die Trauer hat auch eine Begrenzung und ein Ende. Gott will uns nicht im Chaos unserer Gefühle lassen, sondern uns Halt, Trost und Getragensein schenken. Das Ende hier auf dieser Welt ist zugleich der Anfang von etwas Neuem: die Vollendung unseres Lebens geschieht in der Ewigkeit. Ein Stück von dieser Freude und Vorfreude soll bei jeder Beerdigung durchklingen.

6. Freiräume schaffen für die Zukunft

Zukunft mit Hoffnung gestalten

Menschen brauchen eine Zukunft, auf die sie sich freuen und für die sie arbeiten und sich einsetzen können. Sie brauchen Ziele, auf die sie hinplanen können und die sie motivieren und befähigen, auch Schwierigkeiten in Kauf zu nehmen und Hindernisse zu überwinden.

Nur wer von einer starken Zukunftshoffnung geprägt ist, kann sich auch kreativ einbringen und Ideen umsetzen. Ohne positive Ziele sind Schwierigkeiten und Hindernisse viel mühsamer anzugehen.

Gott ruft uns in ein zielgerichtetes Leben und er setzt unserem Leben einen Rahmen mit Anfang und Ende. In der uns gegebenen, von Gott geschenkten Zeit sollen und dürfen wir die Gaben und Fähigkeiten, die wir empfangen haben, einsetzen und umsetzen, damit daraus etwas Sinnvolles für diese Welt und zur Ehre Gottes wird.

Im Epheserbrief (5,15) ermahnt der Apostel Paulus, dass wir die Zeit auskaufen sollen, also richtig nützen, damit das wirklich Wichtige darin geschieht. Und an anderer Stelle (1. Petrus 4,10) sagt Petrus: »Dienet einander, ein jeder mit der Gabe, die er empfangen hat ...«

Für einen solchen Einsatz ist es nie zu spät. Wenn wir uns einbringen und engagieren, wenn wir uns investieren und uns einer Sache oder Aufgabe hingeben, werden wir dadurch auch selbst gewinnen: Lebensfreude, Erfahrungen, Gemeinschaft mit anderen, Sinn, Lebenserfüllung und auch Glück.

Wer von Zukunftshoffnung angetrieben ist, muss sich nicht gehen lassen und sich nicht nutzlos fühlen. Jeder hat Gaben und Aufgaben von Gott, jeder ist zu einem Leben mit Sinn berufen. Gottes Lebensberufung endet auch nicht mit dem Ruhestand.

Das Ziel bedenken

Auf manchen alten Uhren sieht man auf dem Zifferblatt anstelle der Zahlen Buchstaben: »Zeit ist Gnade«.

Ein Uhrmacher, der an einer unheilbaren Krankheit litt, entwarf sich eine solche Uhr. Er war sich bewusst, dass jede Stunde, die er noch zu leben hatte, ein Geschenk, Gnade war.

Todkranke gehen anders mit ihrer Zeit um. Sie nutzen den Moment mehr, kommunizieren tiefer und ehrlicher. Sie erfahren die Gegenwart reicher und gestalten diese bewusster.

Das Bewusstwerden der Begrenztheit fördert die Einmaligkeit und Tiefe des Lebens und eines jeden Moments.

Irvin Yalom, ein bekannter Psychotherapeut und Autor, beschreibt in seinem neuesten Buch[17], wie das Bewusstsein der eigenen Sterblichkeit sein Leben reicher gemacht und er dadurch jeden einzelnen Moment zu schätzen gelernt habe.

Einer der berühmten Zeitmanager, Stephen Covey, meint, dass wir erst den Sinn unseres Lebens finden müssen, bevor wir zum Terminkalender greifen, denn füllen könnten wir unsere Zeit gleich zweimal oder dreimal. Covey geht sogar soweit, dass er auffordert: »Schreiben Sie Ihre eigene Grabrede. Danach werden Sie Ihre Zeit ganz neu ordnen können.« Er meint damit: Wenn wir unser Leben und die Art, wie wir die Zeit, die uns gegeben ist, einteilen oder verplanen, aus der Distanz betrachten, dann gehen uns vielleicht die Augen für manches Unsinnige und Nutzlose, das wir tun, auf. Vom Ende her, von der Ewigkeit her, sortiert sich unser Leben ganz neu.

Man könnte darum auch so fragen:

Was würde ich ändern, wenn ich wüsste, dass ich nicht mehr lange zu leben hätte?

Jorge Luis Borges, ein bedeutender argentinischer Schriftsteller, formulierte einmal: »Wenn ich mein Leben noch einmal leben könnte, im nächsten Leben würde ich versuchen, mehr Fehler zu machen.« Dann führt er weiter aus, dass er weniger perfekt und ernst sein würde, dafür entspannter und mehr den Augenblick genießend.

Möglicherweise kämen wir zu einem anderen Ergebnis wie Jorge Luis Borges. Aber es ist wichtig, sich solchen Fragen zu stellen, sich damit zu konfrontieren und herausfordern zu lassen.

Niemand von uns weiß, wie lange er noch lebt. So können wir jeden Moment, jede Minute und jede Stunde als Geschenk aus Gottes Hand sehen lernen. Also das Leben wieder bewusst wahrnehmen, dankbar werden, den Moment zulassen. Konzentriert leben, gegenwärtig sein.

Heute leben

Was würde ich ändern, wenn ich wüsste, dass ich nur noch einen Tag zu leben hätte? Alles, was uns zu dieser Frage einfällt, sollten wir (heute) umsetzen. Sonst verpassen wir das Leben und seinen eigentlichen Sinn und seine eigentliche Bedeutung.

Also *heute* noch etwas bereinigen, etwas in Ordnung bringen, jemanden um Vergebung bitten, mich versöhnen.

Heute Zeit mit einem Menschen verbringen, den ich immer vertröste.

Heute etwas erledigen, was ich schon lange vor mir herschiebe.

Heute vertrauen lernen. Ich brauche mich nicht aus Angst, etwas zu versäumen oder etwas falsch zu machen, zu zersorgen und kaputt zu machen.

Denn »wer weiß, wem die letzte Stunde gehört, der braucht den nächsten Augenblick nicht zu fürchten« (Peter Hahne).

Wenn ich mein Leben mit Anfang und Ende und allem dazwischen in Gottes Hand weiß, dann kann ich mich seiner Führung anvertrauen und wissen, dass ich bei ihm sicher bin.

Ich werde dabei Fehler machen. Doch die darf ich auch machen. Keiner kann ein perfektes Leben führen, aber Gott will uns ein begnadetes Leben, also ein Leben voller Gnade schenken.

Wenn Christus mein Leben führen darf, dann macht er auch das Richtige daraus, leitet mich in Entscheidungen und gibt mir nach vermeintlichen Umwegen wieder innere Sicherheit zurück. Das gibt dem Leben die entscheidende Qualität.

Denn schließlich gilt, wie Johannes Kuhn es formuliert: »Es kommt nicht darauf an, dass wir unserem Leben möglichst viele Tage hinzufügen, sondern unseren Tagen Leben.«

Nicht die Länge der Zeit meines Lebens macht ein Leben erfüllt, sondern der Inhalt. Nicht dass ich möglichst lange lebe, sondern *wie* ich lebe.

Ein Rabbi sagte einmal zu seinen Schülern: »Tut einen Tag vor eurem Tod Buße!« Darauf fragte ein Schüler: »Weiß denn der Mensch, an welchem Tag er sterben muss?« Darauf antwortete der Rabbi: »Eben darum kehrt heute um. Vielleicht müsst ihr morgen sterben. So lebt jeden Tag, als wäre es der letzte.«

Am Ende der Himmel

Das letzte Ziel unseres Lebens ist kein perfektes oder vollkommenes Leben hier auf Erden. Es ist auch keine Anhäufung von Dingen oder Erlebnissen, sondern es ist die Erwartung der zukünftigen Herrlichkeit, ist ein Leben in der Ewigkeit bei Gott.

Die beste Konsequenz, die wir daraus ziehen können:

Unser Herz im Himmel verankern und mit beiden Füßen fest auf dem Boden stehen. Wer sich auf die Ewigkeit freut, der kann erst richtig leben.

Dieses Ziel hilft uns, die Erfahrungen dieser Welt hier besser einzuordnen und dennoch das Leben mit den richtigen Werten zu füllen.

Wir kommen nicht im Triumph im Himmel an, sondern mit Schuld und Versagen, mit Bruchstücken unseres Lebens und mit Unvollkommenem.

Psalm 126 formuliert es so:
Wenn der Herr die Gefangenen Zions erlösen wird,
so werden wir sein wie die Träumenden.
Dann wird unser Mund voll Lachens und
unsere Zunge voll Rühmens sein.

Dann wird man sagen unter den Heiden:
Der Herr hat Großes an ihnen getan.

Der Herr hat Großes an uns getan,
des sind wir fröhlich.

Herr, bringe zurück unsre Gefangenen
wie du die Bäche wiederbringst im Südland.
Die mit Tränen säen, werden mit Freuden ernten.
Sie gehen hin und weinen und streuen
ihren Samen und kommen mit Freuden
und bringen ihre Garben.

Dieser Psalm macht deutlich: Mit allem dürfen wir kommen, mit Dank und Erntekörben, mit dem Schönen und Erfüllten unseres Lebens, aber auch mit Versagen und Schuld, mit Tränen und Trauer. Bei Gott wird es beantwortet.

Gott wird uns in die Arme nehmen und trösten, uns die Tränen abwischen. Er nimmt das Leid fort, es wird kein Geschrei mehr geben und keinen Krieg, keine Krankheit und keine Schmerzen mehr. All das, was uns hier das Leben schwer und manchmal auch zu schwer macht, wird dann nicht mehr sein. Es wird keine ungestillten Sehnsüchte, kein Heimweh und keine Sucht mehr geben. Keine üble Nachrede mehr und keine Verleumdung, keine bösartigen Lästereien und keine Unversöhnlichkeit mehr. Keine Lieblosigkeit mehr und keine Traurigkeit, keine Sorgen mehr und auch keine Angst. Keine Eitelkeiten und keine Selbstbezogenheit mehr, keine Schuld und kein Versagen. Keine Verzweiflung und keinen Lebensüberdruss, keinen Tod.

Unser Leben wird dort zum Ziel kommen. Was Gott in uns an Gaben und Fähigkeiten angelegt hat, findet dort zur Vollendung und ehrt ihn – ihn ganz allein.

Das Zerbrochene, Gefallene und Kaputte wird von uns abgefallen sein. Und wir werden mit Gott im Gespräch sein. Wir werden unendliches Geliebtsein erfahren und von tiefer Dankbarkeit erfüllt sein.

Das ist das Ziel, auf das wir zugehen – und alles, was wir hier auf dieser Welt an Leid erleben, wird im Vergleich zu der Herrlichkeit, die wir dort erleben werden, nichts sein. Aber auch das Schöne, das wir hier erleben, ist nur ein winziger Vorgeschmack auf das, was uns dort an Freude, Glück und Erfüllung erwarten wird.

Dieses Ziel ist mehr als nur das Wissen um ein Ende. Dieses Ziel soll unser Antrieb sein und unsere Motivation für alles, was wir hier tun oder nicht tun. Für alles, was wir reden oder wo wir lieber schweigen. Dieses Ziel prägt unseren Stil.

So wie ich im Sport auf ein Ziel ausgerichtet bin und alles andere dem unterordne, so soll unser Leben ausgerichtet und zugeordnet sein, orientiert auf das Ziel in der Ewigkeit.

Ewigkeit, in die Zeit leuchte hell herein,
dass uns werde klein das Kleine und
das Große groß erscheine.
Marie Schmalenbach um 1875

So steht meine Lebenszeit hier und meine Zeit dort in der Ewigkeit in Gottes Händen. Er setzt Anfang und Ende – und darum kann ich auch meine Tageszeit in seine Hände geben und ihn bitten, dass er sie mir richtig füllt, so dass ich erkenne, wie ich die Zeit eines Tages gestalten soll.

7. Besondere Zeiten

Lebensübergänge

In Übergangszeiten stellt sich die Frage nach der Zeitgestaltung oder dem Umgang mit der Zeit mitunter nochmals ganz neu. Lebensübergänge stellen Bisheriges, Gewohntes und Vertrautes in Frage. Was uns bisher Sicherheit gegeben hat, gilt nicht mehr. Darum kann es sein, dass auch unsere Zeitabläufe komplett durcheinandergeraten, dass plötzlich viel Zeit »übrig« ist, dass uns langweilig ist oder dass die Zeit ganz anders als bisher gefüllt werden muss.

Übergänge können ganz plötzlich durch den Verlust von Gesundheit, von Arbeit, von Menschen, von Vertrautem eintreten.

Übergänge können sich aber auch langsam ankündigen. Sie machen sich dadurch bemerkbar, dass wir uns im eigenen Leben nicht mehr zu Hause fühlen. Also auch »Nichtereignisse« oder Erwartungen, die sich nicht erfüllen, können zu Krisen und in Übergangssituationen hineinführen:

Ich habe auf diese Stelle, diese Karrieremöglichkeit, diese Frau, dieses Haus, diesen Kauf,

die Wiederherstellung meiner Gesundheit gehofft – und es kommt doch anders. Ich muss
Hoffnungen begraben.

Der Wunsch danach, das Ereignis, das uns in die
ungewohnte Situation gebracht hat, ungeschehen
zu machen, ist oft sehr vorherrschend und bestim-
mend.

Die meisten Menschen verweigern auch nicht die
Veränderung selbst, sondern die Übergänge. Denn
Übergänge machen Angst.
So ist zum Beispiel die Stunde der Dämmerung
ein Übergang. Es ist ein Übergang zwischen Tag und
Nacht, der ein Ende markiert und darum beunru-
higt oder Unvollendetes verdeutlicht. Aber solch ein
Übergang kann auch Mut machen, abzulegen, ruhig
zu werden, loszulassen, schlafen zu gehen.

Das Dazwischen bedeutet vielleicht Chaos, Unord-
nung, Durcheinander der Gefühle, quälendes Aushalten von Leid, Langeweile, Einsamkeit, Stillstand
und Verzweiflung.

Übergänge machen deutlich: Es gibt keine Nahtlosig-
keit, keine Grenzenlosigkeit, sondern es gibt Abbrü-
che, Sackgassen und Endsituationen.
Darum können Übergänge von Selbstzweifeln
begleitet sein, z. B. wenn die alten Rollen nicht mehr

stimmen. Ich bin nicht mehr die Ehefrau, nicht mehr der Angestellte, nicht mehr in diesem Betrieb, nicht mehr Nachbar von …, nicht mehr Mitglied in … Ich gehöre nicht mehr dazu.

Vielleicht kann ich auch etwas nicht so leben, wie ich es gerne tun würde: mein Muttersein, Vatersein, als Ehefrau oder Ehemann, Schwiegermutter oder Schwiegervater, Großmutter oder Großvater. Ich bin nicht so erfolgreich im Beruf, wie ich dachte. Der Ruhestand macht mir mehr Probleme als vermutet usw.

Wer bin ich ohne das Vorige?

In Übergängen soll ich realisieren:

Ich bin nicht mehr, der ich war.

Ich bin noch nicht, die ich sein werde.

Ich bin nicht der Mensch, der ich sein möchte.

Wir müssen in Übergangssituationen, in Veränderungen oder in Krisen oft Durststrecken durchwandern, schwierige und traurige Stimmungen aushalten. Wir dürfen nicht zu schnell vom einen zum anderen gehen. Sonst geht uns die Chance verloren, dass sich in der Übergangszeit die Veränderung in der Tiefe der Seele verankern kann.

Übergänge brauchen darum Zeit. Die größte Gefahr eines Überganges ist der Wunsch nach Beschleunigung, der Versuch aus der unangenehmen Situation des »Nicht mehr« und des »Noch nicht« zu fliehen. Ich möchte diese Phase möglichst schnell verlassen. Jeder Übergang und jeder Abschied macht darauf aufmerksam, dass wir hier nicht auf ewig sind, dass wir Pilger auf dieser Erde sind: »Denn wir haben hier keine bleibende Stadt, sondern die zukünftige suchen wir« (Hebräer 13,14).

Alle Kulturen haben Rituale oder zeitliche Schonräume, um die wichtigsten Übergänge des Lebens bewusst und hilfreich zu gestalten.

So zum Beispiel die Umstellung
- vom Kind zum Erwachsenen.
- durch Abschiede von Menschen durch Umzug, Trennung oder Tod.
- vom Single zum verheirateten Menschen.
- vom Paar zum Elterndasein.
- im Klimakterium.
- durch das Weggehen der Kinder.
- in Prozessen des Älterwerdens.
- beim Loslassen von Besitz, Gesundheit, Fähigkeiten oder des aktiven Berufslebens.
- beim Sicheinstellen auf den eigenen Tod.

Übergänge gestalten heißt:
- Das Dazwischen nicht beschleunigen, sondern aushalten, wahr sein lassen. Auch alle dazugehörigen Gefühle von Leid, Schmerz und Trauer,

aber auch Dankbarkeit und schöne Erinnerungen dürfen sein.

- Zeiten und Plätze finden, um allein zu sein. Räume des inneren Friedens entdecken – keine Ablenkungen, kein Fernseher, vielleicht fremde und unbekannte Orte entdecken, die frei von Erinnerungen und Ablenkungen sind.
- Vielleicht auch ein Tagebuch über die Erfahrungen in der Übergangszeit beginnen: Was geht in mir vor? Worüber denke ich nach? Welche Entscheidungen würde ich gerne treffen? Wie würde ich mir mein Leben wünschen oder gestalten? Welche Träume kommen immer wieder? Was sagen diese Bilder über meine Situation aus?

Das Ende der Übergangszeit zeigt sich oft

- in Träumen.
- mit neuen Ideen, die sich regen.
- in Kommentaren anderer, die eine Wende bringen.
- in einem Satz oder einem Buch, das neu inspiriert.
- durch einen inneren Impuls, neu aufbrechen zu wollen.
- in neuer Motivation, neuer Freude an Begegnungen und Aufgaben.

So verschieben sich Prioritäten. Anderes wird wichtiger, Neues zeigt sich am inneren Lebenshorizont.[18]

Fastenzeiten

»Fasten« kommt aus dem Gotischen und hat die Bedeutung »festhalten, beobachten, bewachen«. Ursprünglich wurde es wohl im Sinn von »an den Geboten festhalten« verwendet.

Übertragen bedeutet es: Ich wende mich von den glatten Oberflächenwahrheiten dieser Welt ab, stelle mich den eigenen Schwierigkeiten und dunklen Seiten und habe den Mut, mich in die Verlassenheit innerer Wüsten zu begeben, in der wir Menschen mit leeren Händen vor Gott stehen.

Fastenzeit kann so zu einer Zeit werden, in der wir die eigenen Aufgaben neu finden oder neu überdenken können. Eine Zeit, in der wir bewusst Prioritäten setzen, uns selbst zurücknehmen und unbequeme Fragen aushalten lernen. Fastenzeit kann eine Zeit werden, in der wir im Verzichten neue Freiheit und neue Horizonte entdecken und sich uns neue Wege und neue Freude auftun.

Fastenübungen können uns in neuer Ganzheitlichkeit unseres Glaubens gewiss machen. Fasten kann Ausdruck von Dankbarkeit und bewusster Hingabe sein. Fasten kann auch ein Ausdruck dafür sein, dass wir allein an Christus hängen.

Vom Fasten wird uns schon in der Bibel berichtet:
Jesus fastete 40 Tage in der Wüste, bevor er den

Menschen seine Botschaft vom nahe gekommenen Gottesreich verkündete und Zeichen und Wunder tat. Mose fastete 40 Tage am Berg Sinai, bevor ihm die Zehn Gebote von Gott offenbart wurden. Elia fastete, bevor er im Windhauch die Stimme Gottes vernahm.

Ein früher Brauch in der Christenheit war das Fasten an jedem Mittwoch und an jedem Freitag – dem Tag der Kreuzigung Jesu.

Später galt für die erwachsenen Taufbewerber eine 40-tägige Fastenzeit als Vorbereitungszeit. Von zwei großen Fastenzyklen war das Kirchenjahr geprägt: die Fastenzeit vor Ostern und die Fastenzeit im Advent, beginnend mit dem 11. oder 25. November: Zum Ende der jeweiligen Fastenzeit wurde Taufe gefeiert, also am 6. Januar bzw. an Ostern.

Die Passionszeit oder zumindest die Karwoche als Fastenzeit zu begehen, hat seinen tiefen Sinn. Schon die frühe Christenheit hat sich in der Fastenpraxis geübt und damit Erfahrungen gemacht, an die es sich lohnt, anzuknüpfen. Petrus Chrysologus (5. Jahrhundert): »Fasten ist der Friede des Körpers.« Aus medizinischer Sicht ist dies vollkommen richtig, denn der Körper kommt zur Ruhe. Der Verdauungstrakt ist inaktiv, damit bleibt dem Körper mehr Kraft und Energie für anderes. Fasten ist also eine Übung, bei der der ganze Mensch innerlich neu ausgerichtet wird. Unser Körper ist der Tempel des Heiligen Geistes (vgl. 1. Korinther 6,19). Körperliches Fasten bewirkt auch etwas in unseren Gedanken, unseren Bewertungen und unserer inneren Einstellung.

Fasten ist ein inneres Stillwerden vor Gott. Ein Sich-Gott-Hinhalten. So wird Fasten zu einer Art der An-betung. In der Anbetung sind wir ganz auf Gott ausgerichtet, kommt eigenes Wollen zur Ruhe vor Gott. Ähnliches geschieht im Fasten. Wir halten uns mit unserer inneren Leere Gott hin. Im Fasten wird existenziell erfahrbar, dass nur Gott unseren letzten und tiefsten Hunger stillen kann: den Hunger der Seele nach Ankommen, nach Getröstetwerden, nach Frieden.

Das Fasten führt uns in ein inneres Wachwerden für Gott und sein Reden. Dadurch dass die körperlichen Prozesse zur Ruhe gekommen sind, haben wir in der Regel mehr Kraft, sind weniger müde und in einer inneren Bereitschaft zum hörenden Gebet. »Tatsächlich wird man, sobald man begonnen hat zu fasten, unmittelbar im Geiste gedrängt, mit Gott ins Gespräch zu kommen.«[19]

Im Leerwerden und Stillewerden vor Gott öffnen sich aber auch die eigenen Abgründe, die eigene Versuchbarkeit, die Schwächen melden sich zu Wort. So hat auch Jesus am Ende seines 40-tägigen Fastens der Versuchung des Satans widerstehen müssen.

Bis heute sind es drei Lebensbereiche, in denen wir leicht verführbar sind, genauso wie Jesus es erlebt hat: Genuss (Steine zu Brot), Sicherheit (Fuß nicht an einen Stein stoßen), Macht (alle Reiche der Welt und ihre Herrlichkeit). In allen drei Lebensbereichen müssen wir uns immer wieder von Gott fragen lassen, was im Vordergrund steht: mein eigenes Ich mit seinen Bedürfnissen und Wünschen oder die Hingabe an Gott und das Vertrauen auf ihn.

Fasten birgt aber auch Gefahren:

- Die Gefahr der Leibfeindlichkeit, der Ablehnung des Körpers oder der Freude am Genuss.
- Die Gefahr, in eine falsche Form der Selbstbeherrschung und der Leistungsorientierung abzurutschen. Das Fasten war für manche schon das Einstiegstor in eine Magersucht. Solches Fasten hat nichts mit Fasten im biblischen Sinn zu tun. »Man muss auch im Fasten gut mit sich und seinem Leib umgehen. Das Fasten soll Leib und Seele miteinander verbinden, damit sich beide nicht widerstreiten.«[20]
- Eine weitere Gefahr bringt Fasten mit sich, wenn es zur heimlichen Selbstbestrafung wird. Nach Erfahrungen des Schuldigwerdens oder des Versagens wird gefastet. Dann geschieht aber Fasten nicht in Freiheit, sondern ist der Versuch, etwas zu sühnen, was letztlich nur Christus sühnen und vergeben kann. So wird

Fasten und Glaube zur Leistung, die erbracht werden muss, um sich ein gutes Gefühl zu verschaffen, und wird so letztendlich zu rituellem Zwangsverhalten.

- Eine weitere Schwierigkeit im Fasten ist, dass wir mit Gedanken und Gefühlen konfrontiert werden, die wir sonst besser verdrängen und missachten können: Ärger, Wut, Reizbarkeit, Lustlosigkeit, Langeweile. Es sind Gefühle, die auch in Übergangszeiten (s. o.) auftauchen und die uns hinterfragen: Wer bin ich wirklich? Wer bin ich ohne Essen? Was macht mein tiefstes Sein aus? Was bin ich wert? Wo bin ich unerfüllt oder verletzt, vielleicht auch unzufrieden mit meinem Leben? So kann das Fasten tiefer in die Selbsterkenntnis führen und dann auch in die Christuserkenntnis. Was hat Christus mit meinen Gefühlen und Gedanken zu tun? Wie kann er mich korrigieren, verändern, mich in eine andere Richtung leiten und umprägen?

Fastenzeiten können Krisen auslösen, denn »das Fasten lockert das seelische Gefüge. Es durchleuchtet mein Inneres und bringt auch all die Gedanken ans Tageslicht, die sonst in vielen Verstecken verborgen bleiben … Man darf durch das Fasten nicht zu viel Wirbel in das Unbewusste bringen, man darf nicht alles aufstöbern, sonst findet man sich in dem aufgewirbelten Staub gar nicht mehr zurecht.«[21]

Wenn wir keine inneren Schutzräume haben, in die wir in allen aufwirbelnden Gedanken und beunruhigenden Fragen zurückkehren können, kann das Fasten auch eine seelische Krise hervorrufen oder bei emotional unstabilen Menschen auch in eine psychische Erkrankung münden.

Fasten in Gemeinschaft ist darum immer besser als allein, denn im Kontakt mit anderen werden wir korrigiert und auf das Wesentliche ausgerichtet. Es kann eine gute Übung sein, in Anknüpfung an die frühe christliche Tradition in der Karwoche oder auch im Advent zu fasten. Das Fasten kann dann mit gemeinsamen Gebetszeiten verbunden sein – die Gebetszeiten der Klöster können ein Anhaltspunkt dafür sein: 6.00 Uhr, 9.00 Uhr, 12.00 Uhr, 15.00 Uhr (Todeszeit Jesu), 18.00 Uhr, 21.00 Uhr. Wenn man sich einmal am Tag zum Gebet, zum Hören auf Texte der Bibel und auch zum Austausch über die Erfahrungen im Fasten trifft, kann dies zu einer tiefen geistlichen Erfahrung für das eigene Leben werden.

Texte der Bibel können für solche gemeinsamen Fastenzeiten gute Begleiter sein:
- Die Emmausjünger auf dem Weg, auf dem ihnen Christus unterwegs begegnet, ohne dass sie ihn zunächst erkennen (Lukas 24,13-31).

- Elia in seiner Erschöpfungsdepression, der auf seiner Flucht mit seinem als Fasten getarnten Selbstmordversuch von Gott eingeholt wird (1. Könige 19).
- Jona und seine Flucht vor Gottes Auftrag (Jona 1-4).
- Der Auszug des Volkes Israel aus Ägypten (2. Mose 7ff.).

Gebetszeiten

Das Ziel unseres Betens ist zunächst nicht, dass wir etwas bei Gott erreichen, sondern dass Gott etwas bei uns erreicht.

Ziel des Gebets ist es, von Gottes Gegenwart geprägt zu werden, sein Wesen zu erkennen und in uns zur Entfaltung kommen zu lassen.

Beten bewirkt etwas in uns. Es ist wie der Austausch mit einem guten Freund oder einer guten Freundin.

Wir werden wie von einer Quelle erfrischt: »Die Stille vor Gott ist die Quelle, aus der Qualität fließt.« – Friso Melzer.

Gerade Jesus wusste von dieser Quelle. Er ist regelmäßig noch vor Tagesanbruch aufgestanden, um mit seinem Vater zu reden.

Er ging an einen einsamen Ort, um zu beten.

Ein Geheimnis seiner Vollmacht war seine ständige Verbindung mit dem Vater, das anhaltende Gespräch und das innere Einssein mit dem Vater und seinem Willen.

Auch wir brauchen die Stille, darin werden wir korrigiert und neu ausgerichtet. Bibelworte können zu guten und heilsamen Bildern werden, die uns tragen und Kraft geben. Zeit mit Gott ist immer auch Zeit, die für mich und für meine Beziehungen Früchte trägt. Im Gebet kommen wir in Berührung mit den tiefen Schichten in uns und darin mit Gott. Dort hinein sollen wir Gott reden und rufen sowie an uns handeln lassen. So entsteht Raum, in dem Gott uns begegnen kann. Wir sind dann wie eine Schale, die von ihm gefüllt werden kann.

Hindernisse und Hilfen zum Gebet

Hindernis: »Keine Zeit«

Wer sagt, er hätte keine Zeit zum Beten, meint damit: »Ich will nicht beten.« Denn wer wirklich Zeit zum Beten finden will, der hat sie auch. Und umgekehrt gilt ebenso: Wer nicht beten will, findet auch keine Zeit dazu. Gottes Wille ist es nicht, dass wir so beschäftigt sind, dass wir keine Zeit zur Stille und zum Gebet mehr haben.

Ein Mann wollte einen Baumstamm durchsägen. Er nahm sich dazu einen Sägebock und legte den Stamm darauf. Mit einer großen Handsäge machte er sich an die Arbeit. Immer wieder zog er das Sägeblatt durch das Holz. Aber es wollte sich kaum Erfolg einstellen. So sehr er sich auch mühte, er kam nicht voran. Er schwitzte und schwitzte. Seine Arme taten ihm bald weh. Er setzte kurz ab und legte sich dann weiter ins Zeug. Da kam sein Nachbar und sah dem schon fast komplett erschöpften Mann zu. Er sagte zu ihm: »Das wird so nichts. Du musst erst einmal deine Säge schärfen!« Der Mann blickte kurz auf und sagte: »Dazu habe ich keine Zeit. Die Arbeit muss getan werden.«

Bibellese und Gebet sind wie »eine Säge schärfen«. Was wir hier an Zeit investieren, ist gut investiert. Hier bekommen wir neue Kraft und Anweisungen, wie wir am besten unser Tagewerk tun können.

Allerdings: Die Zeit des Gebets sollte keine zufällige, sondern eine geplante Zeit sein. Den richtigen Zeitpunkt dafür muss man in jeder Lebensphase neu finden. Doch wenn Beten zur guten Gewohnheit wird, dann wächst die Sehnsucht nach der Begegnung mit Gott in uns.

Zeit, die wir in der Stille und im Gebet verbringen (»Stille Zeit«), fehlt uns nachher nicht. Sie wird uns zurückgeschenkt, denn wir leben konzentrierter, gezielter, geplanter, mit klaren Prioritäten für unseren Alltag. Es fällt uns dann leichter, zwischen wichtig und unwichtig zu unterscheiden.

Hindernis: »äußere Unruhe«
Wir brauchen Orte und Zeiten, an denen wir gut mit Gott ins Gespräch kommen können. Diesen Ort muss man sich möglicherweise erst schaffen oder einrichten.

- Eine Ecke in einem Zimmer als Gebetsecke
- Ein Bild, eine Kerze, eine Kniebank
- Lärmquellen wie Radio oder Fernseher abstellen, Tür schließen
- Familie informieren (damit man zum Beten 15 oder 20 Minuten ungestört sein kann)
- Bestimmte Orte aufsuchen (eine Kirche, eine Bank im Freien, ein Weg)

Es ist wichtig die Räume so zu gestalten, dass wir uns darin wohlfühlen können. Wir sollten darin zu Hause sein, entspannen, aufatmen und zur Ruhe kommen können.

Dann können wir uns fallen lassen, uns bewusst machen: Jesus ist jetzt da. Er will mit mir reden. Er hat mich lieb, er will mich beschenken, trösten, still, frei und froh machen.

Hindernis: »ablenkende Gedanken«

Doch was geschieht, wenn wir still werden, wenn wir äußere Lärmquellen abschalten? Hören wir dann Gott? Hören wir nicht vielmehr unterschiedlichste Aufforderungen, was alles zu tun wäre?

Abschweifende Gedanken führen uns ins »Irgendwo«.

In unserem Inneren herrscht oft Chaos, ein Durcheinander an Gedanken – ungeordnet und unsortiert. Wir kommen vom Hundertsten ins Tausendste.

Zunächst also hören wir nicht Gott sprechen, sondern uns selbst, unsere Gedanken, Sorgen und Befürchtungen.

Darüber haben wir oft überhaupt keine Kontrolle.

Wir spüren Widerstände, Hindernisse oder wir haben Angst vor der Stille, vor der Begegnung mit Gott. Viele Menschen fliehen aus der Stille, halten sie deswegen nicht aus, weil ungewohnte Gedanken, quälende Fragen oder Sorgen, Schuldgefühle oder auch Leere, Langeweile und Bedrücktsein hochkommen. Was hilft dagegen?

Die *äußeren* Möglichkeiten, sich auf etwas zu konzentrieren, helfen auch zur inneren Ordnung:

- Den Blick auf einen Gegenstand richten: Kreuz, Bild oder Kerze.

- Den Atemrhythmus beachten: Beim Einatmen »Herr Jesus Christus«, beim Ausatmen »Erbarme dich meiner« in Gedanken sprechen.
- Schreibzeug, Stift und Papier kann ebenso helfen: Was sich in Gedanken aufdrängt, wird aufgeschrieben und dann abgelegt. Oft kommen ja Dinge in unseren Sinn, die wir noch erledigen müssen. Manchmal führen uns die durcheinanderwirbelnden Gedanken auch zu etwas Unerledigtem oder Unbereinigtem. Das ist dann auch gut so.

Innere Ordnung schaffen:
- Dies kann durch das Meditieren oder Auswendiglernen eines Bibelwortes oder eines Liedverses erfolgen. Damit geschieht eine innere Programmierung auf Wesentliches. Das Wort Gottes wird auf diese Weise gegenwärtig, nimmt Gestalt an, nimmt Wohnung in meinem Herzen, rutscht vom Denken ins Herz, in die Sinne und wird zum Memorierpunkt im Alltag. Zu dem, was mich morgens zur Konzentration geführt und getröstet hat, kann ich den Tag über zurückkehren. Es kann hilfreich sein, eine Woche lang immer dasselbe Wort zu meditieren – in unterschiedlichsten Situationen des Alltags zu diesem Wort zurückzukehren. So wird das Wort von Gott für verschiedenste Erlebnisse wahr und beginnt zu uns zu spre-

chen. Die Aussagen der Bibel verbinden sich mit den Erfahrungen unseres Lebens.

- Zur Konzentration hilft auch das halblaute oder laute Beten.
- Eine Gebetsliste, an der wir Punkt für Punkt entlanggehen, ist manchen eine Hilfe.
- Eine Struktur in der Gebetszeit (s. S. 130) ist ebenso hilfreich.

Hindernis: »Enttäuschungen über nicht erhörte Gebete«

Oft beten wir um Erfüllung unserer Wünsche. Aber vielleicht hat Gott ja einen ganz anderen Plan – mit mir, mit dem anderen Menschen, mit dieser Situation. »Die sogenannten unerhörten Gebete sind immer ein Grund, stärker nach Gottes Willen zu fragen.«[22]

Darum sollten wir vor Gott prüfen, wofür ich denn jetzt beten kann und soll. Wir können Gott nicht durch Gebete zu etwas zwingen.

Oft beten wir um Dinge, die nicht Gottes Wille sind.

Manche Menschen behaupten, es sei auf jeden Fall Gottes Wille, dass ein Mensch, der krank ist, wieder gesund wird. Aber woher wissen wir das so genau?

Vielleicht will Gott gerade durch eine Krankheit etwas in einem Menschen bewirken, das er bei diesem Menschen nicht erreichen könnte, wenn der Mensch gesund wäre. Viele Menschen haben erst durch eine

Krankheit auf ganz besondere Weise Gottes Segen erfahren.

Darum ist es viel wichtiger, darum zu beten, dass Kranke in ihrer Situation Gottes Gegenwart und Gottes Macht erfahren. Es kann sein, dass ein Mensch durch Gebete gesund wird – aber es kann auch sein, dass er krank bleibt und gerade durch seine Krankheit viel mehr von Gottes Art und Liebe in so einem Menschenleben zu sehen ist als ohne Krankheit.

Jo Fraser sagt: »Manchmal erhalten wir Erbetenes sehr rasch, aber häufiger heißt Gott uns im Licht einer konkreten Zusage weiter beten und weiter handeln. So wird Glaube erprobt und gestärkt.«

»Nicht erhörtes Gebet für andere Menschen ist oft auch ein Zeichen für die Freiheit, die Gott den Menschen lässt.« (Hope McDonald)

Jeder Mensch hat die Freiheit, sich gegen Gott zu entscheiden. Und so manche Gebete von Eltern für ihre Kinder werden erst nach dem Tod der Eltern erhört.

Hindernis: »Angst vor Gott und falsche Gottesvorstellungen«

Wir haben oft falsche Gottesbilder, falsche Vorstellungen von Gott. Wir sehen Gott als den strafenden, richtenden Gott.

Wir haben Angst, von Gott verurteilt, abgekanzelt, gedemütigt oder bestraft zu werden. Letztlich steckt dahinter die Angst, minderwertig zu sein, ein sinnloses oder wertloses Leben zu haben und unwürdig zu sein.

Oft hängen solche Empfindungen auch mit den Erfahrungen mit dem eigenen leiblichen Vater zusammen. Wenn diese Erfahrungen negativ waren, dann übertragen wir das oft auf Gott. Die Bibel sagt klar: Gott ist ein liebender Vater, der uns bergen, trösten, schützen und heilen will. Gott will immer das Beste für uns. Gott handelt immer aus Liebe. Auch wenn wir das oft nicht so sehen können oder wollen.

Hindernis: »unvergebene Schuld«
Unversöhnlichkeit, Ärger über Mitmenschen oder auch unvergebene Schuld ist oft die größte Blockade fürs Gebet.

> »Ich weiß genau, wenn ich mich jetzt zum Beten hinsetze, dann fällt mir zuerst ein, was nicht in Ordnung ist zwischen mir und Gott und zwischen mir und anderen Menschen.«

Oft sind genau diese Dinge die größten Hindernisse, die uns vom Beten abhalten: Wir haben Angst, der Wahrheit ins Auge zu schauen, dass Dinge nicht in Ordnung sind und bereinigt oder vergeben werden müssen.

Solange wir vor der Wahrheit und vor der Vergebung fliehen, fliehen wir auch vor Gott. Dabei verpassen wir das Schönste, was Gott uns geben will: Vergebung, Befreiung, Neuanfang und damit auch

Freude und innere Freiheit. Sünde blockiert uns. Aber Vergebung befreit. Gott will uns unsere Last abnehmen, seine Vergebung gilt immer und ganz gewiss. Es ist das Gefühl: Alles ist wieder gut – du brauchst dich vor Gott nicht mehr zu fürchten. Jesus kam auf die Erde, um uns das zu geben: *Komm in meine Arme, lade ab, empfange Vergebung und Freiheit und fange neu an.*

Anhang

Anleitung zum Gebet

Geeignet für eine Gruppe mit bis zu 50 Teilnehmer(innen).

Bei dieser ganzen Einheit bietet es sich an, zum Beispiel Kerzen aufzustellen und durch die Raumgestaltung für eine angenehme, ruhige Atmosphäre zu sorgen.

Bei den *Übungsteilen* ist es hilfreich, leise, ruhige Meditationsmusik im Hintergrund laufen zu lassen.

Beginn

Wir wollen uns jetzt gemeinsam auf den Weg machen, in ganz kleinen vorsichtigen Schritten miteinander das Beten zu üben oder auch zu lernen.

Niemand wird überfordert oder zu etwas gezwungen. Es gilt das Prinzip der Freiwilligkeit. Es reicht auch, einfach still zu werden und in Gedanken dabei zu sein.

Einführung

Das Gebet kann man ganz grob in drei Kategorien einteilen: Aufblick – Einblick – Ausblick.

Aufblick

Beim Aufblicken soll unser Blick erst einmal von uns selbst weggehen – hin zu Gott: Im Loben, in der Anbetung, im Danken. Wir öffnen uns vor Gott, werden für ihn und sein Reden bereit. Wir öffnen uns für seine Gegenwart, seinen Willen. Wir beten ihn an.

Lob und Anbetung meint, Gott anzuschauen, *wie* er ist: »Du bist – der König der Welt, der Herrscher. Ich lobe dich darüber, ich staune über dich, ich bete dich an.«

Über dieses Staunen können wir ins Danken kommen, *was* Gott tut!

Danken kann man lernen und einüben.

Wenn wir uns das Danken zur Gewohnheit gemacht haben, kann es sein, dass wir immer mehr ins Staunen über Gott kommen: »Herr, ich preise dich, dass du so groß, so mächtig, so liebevoll bist.«

Einblick

Einblick bedeutet, auf Gott zu hören und auch Korrektur und Wegweisung zu erfahren. Dies kann im Bibellesen und in der Bitte um Korrektur durch Gottes Wort geschehen. Gott will vergeben, er will uns frei machen – so als nähme er uns sanft an der Schulter und drehe uns um. Vorher waren wir auf die eigenen Probleme oder Schuld fixiert. Jetzt will er, dass wir uns ihm zuwenden, uns von ihm anschauen lassen.

Seelsorge kann an dieser Stelle auch eine Hilfe sein: Vor jemand anderem Lasten ablegen und sich im Namen von Jesus Vergebung zusprechen lassen (Beichte).

Ausblick
Der Blick geht weg von mir, hin zu anderen Menschen, meinem Auftrag an ihnen, zur Fürbitte für Menschen.

Gebet ohne die Erwartung, dass Gott handeln wird, ist wie ein Messer mit stumpfer Klinge. Gott sagt: Nach eurem Glauben geschehe euch, nicht nach eurer Aktivität.

Der Glaube rechnet damit, das Gottes Zusagen nicht nur für die Zukunft, sondern auch für das Heute gelten.

Konkrete Gebetsschritte

Aufblick
Wir wollen uns nun im ersten Teil Gott zuwenden, ihn anbeten, vor ihm still werden, uns ihm öffnen. (*Hier bietet sich zum Beispiel ein Ausschnitt aus einem Psalm an.*)

Dank

Damit unser Blick von uns weg geht und wir uns Gott weiter öffnen, kann es hilfreich sein, zu danken. Wir hängen auch beim Beten oft viel zu stark an negativen Dingen fest: »Das klappt nicht. Hier stimmt es nicht. Dafür muss ich beten.«

Doch im Danken kommt Neues ins Leben hinein.

Übung

Bei leiser Musik Stichworte zum Loben und Danken aufschreiben: Wofür möchte ich Gott loben? Wofür danke ich ihm heute, gestern, grundsätzliche Dinge, für Menschen oder Situationen ...?

Wer möchte, kann dann einzelne Punkte seiner Liste vorlesen.

Einblick

Gott will uns Korrektur und Vergebung schenken.

Einige Fragen können dabei hilfreich sein: Wo stelle ich mich selbst zu sehr in den Mittelpunkt? Wo ist mein Stolz verletzt? Wo gehe ich Wege, die nicht richtig sind? Wo habe ich möglicherweise andere Menschen verletzt?

All diese Erkenntnisse sind nichts Schlimmes, sondern ein Grund, uns in die Arme von Jesus zu begeben. Er kam, um uns zu vergeben.

Wo wir Schuld bekennen, da vergibt er uns.

Oft ist das Problem, dass wir seine Vergebung nicht wahr sein lassen, sondern Belastendes immer wieder hervorholen. Unser Herz klagt uns immer wieder an – wir können uns selbst nicht vergeben. Dann brauchen wir manchmal andere Menschen, die mit uns zusammen beten und uns im Namen von Jesus Vergebung zusprechen.

Übung

Still werden. Belastendes aufschreiben und symbolisch an einen Kreuz ablegen (oder in einen Papierkorb werfen; evtl. können diese Zettel dann in einem feuerfesten Gefäß verbrannt werden).

Bitte – für sich selbst

Auch wenn wir für uns bitten, ist es wichtig, dass wir um die entscheidenden, die wirklich wichtigen Dinge zuerst beten: Wachsen im Glauben; Gottes Führung; Sündenerkenntnis (Wo bin ich blockiert? Wo verhindere ich Gottes Wirken?); tiefere Gemeinschaft mit Christus.

Nicht die Bitten um Gesundheit, Reichtum oder Äußerlichkeiten oder Verbesserung unserer Lebensumstände sollen im Vordergrund stehen, sondern die Bitte, dass Gott in allen Umständen zum Zug kommt, dass er darin wirken kann.

Denn durch Menschen, die versöhnt und in der Liebe leben, kann etwas von Gottes Wesen sichtbar werden.

Ausblick

Hierher gehört nun das, was wir oft überhaupt unter Beten verstehen – für andere Menschen vor Gott eintreten, für andere beten.

Eine Fürbitteliste kann eine Hilfe sein (zum Beispiel an jedem Wochentag eine andere Person oder Sache).

Manchmal bitten wir Gott um etwas, weil wir bei anderen Menschen (zum Beispiel Eltern bei ihren Kindern) etwas erreichen möchten. Möglicherweise entspricht dies aber überhaupt nicht Gottes Willen.

Bei der Fürbitte sollte nicht das Gebet um Erfolg oder Glück im Vordergrund stehen, sondern, dass Christus an diesen Menschen wirken kann.

Neben der äußeren Bewahrung ist auch die innere Bewahrung in schweren Situationen oder im Leid ein Anliegen in der Fürbitte.

Beten wir, dass Menschen im Vertrauen zu Gott bleiben, sich in allen Situationen bei Gott geborgen fühlen und sich von ihm gehalten wissen.

Wir möchten in der Fürbitte vom Willen Gottes her für Menschen denken und beten. Johannes 14,13-14: »Und was ihr bitten werdet in meinem Namen, das will ich tun; damit der Vater verherrlicht werde im Sohn. Was ihr mich bitten werdet in meinem Namen, das will ich tun.«.

Wir verstehen diesen Vers erst richtig, wenn wir Gott fragen, was denn sein Wille ist, was ich in seinem Namen beten kann.

Dann sollten wir aber auch mit seiner Macht rechnen.

Unsere Fürbitte kann ebenso Situationen und Krisen in unserer Welt einschließen:

»Fürbitte heißt Teilnahme an der Weltregierung Gottes.« – *August Tholuck*

Manchmal entsteht aus der Fürbitte und dem Hören auf Gottes Wille über dem anderen eine Beauftragung: Was braucht der andere konkret? Eine Einladung; ihm etwas Gutes tun; ein Anruf; ein Brief oder Päckchen?

Übung

In der Stille Fürbitten aufschreiben. Einzelne können einen Teil oder ihre Fürbitten dann laut vorlesen.

Segen

Segnen bedeutet, einen anderen Menschen in den Machtbereich von Jesus zu stellen.

Wir können zu jeder Zeit und an jedem Ort den Namen von Jesus über einem Menschen aussprechen und ihn damit segnen.

Es kann eine schöne Angewohnheit werden, all die Menschen, die uns begegnen, in Gedanken zu segnen: Beim Handgeben oder Vorbeigehen – »Herr Jesus, segne du diesen Menschen.«

Oder einfach den Namen »Jesus« über einen Menschen stellen. Das ist Segnen. So breiten wir die Liebe Gottes aus.

Übung

So möchten wir uns jetzt gegenseitig den Segen Gottes zusprechen, bevor wir nach Hause gehen. Man kann zum Beispiel Segenskärtchen aus einem Korb ziehen oder Einzelne aus dem Team bitten, die Teilnehmer(innen) persönlich zu segnen.

Abschluss

Lied: Wenn die Last der Welt dir zu schaffen macht

Fragebogen zur Selbsteinschätzung

1. Welche Tätigkeiten nehmen bei mir am meisten Zeit in Anspruch? Ist der Zeitaufwand angemessen?

2. Für welche Tätigkeiten benötige ich am wenigsten Zeit? Vernachlässige ich hier etwas?

3. Was bestimmt meinen Zeitplan?

4. Welche »Zeitdiebe« hindern mich, zielstrebig zu arbeiten?

5. Gibt es ständig unvorhergesehene Dinge, die mir Zeit rauben?

6. Welche Möglichkeiten gibt es, meine Aufgaben zu vereinfachen?

7. Kann ich manche meiner Tätigkeiten anderen Menschen übertragen?

8. Welche Tätigkeiten machen mir am meisten Spaß?

9. Welche sind mir am unangenehmsten und warum?

10. In welchen Bereichen erlebe ich am meisten Enttäuschungen und den schlimmsten Stress?

11. Wem gebe ich die Schuld, wenn etwas schiefläuft?

12. Wie viel Zeit nehme ich mir für Entspannung und Erholung?

13. Nehme ich mir Zeit für regelmäßige Mahlzeiten?

14. Bekomme ich genügend Schlaf?

15. Wie viel Zeit verbringe ich mit meiner Familie oder Freunden, ohne zu arbeiten?

16. Suche ich Gottes Führung in meinen Entscheidungen, Problemen und Sorgen?

17. Habe ich jeden Tag eine »Stille Zeit« mit Gott?

Sr. Magdalena Rodewald[23]

Literatur

Alfred Adler. Menschenkenntnis. Frankfurt:
Fischer Bücherei 1966.

Douwe Draaisma/Verena Kiefer. Warum das Leben
schneller vergeht, wenn man älter wird. Berlin:
Eichborn 2005.

Karlheinz Geißler. Zeit – verweile doch. Freiburg:
Herder 2008.

Alexander Gonzales und Philip Zimbardo. Die Zeit,
die wir uns nehmen. In Psychologie heute 7/1985.

Anselm Grün. Fasten. Münsterschwarzach:
Vier-Türme-Verlag 2006.

Arnold Hinz. Psychologie der Zeit. Berlin:
Waxmann Verlag 2000.

Matthias Horx. Anleitung zum Zukunftsoptimismus.
Frankfurt: campus Verlag 2007.

Matthias Horx. Wie wir leben werden. Frankfurt:
campus Verlag 2005.

Olaf Georg Klein. Zeit als Lebenskunst. Berlin:
Wagenbach Verlag 2007.

Johanna Lorch. Betern öffnen sich die Türen.
Brunnen Basel und Gießen, 1986

ORG. Der persönliche Organisationsberater.
Theodor-Heuss-Str. 4, 53095 Bonn.

Ilse Plattner. Für einen anderen Umgang mit der Zeit.
München: Kösel 1993.

Daniel L. Schacter. Aussetzer. Bergisch Gladbach:
Lübbe Verlag 2005.

Reto U. Schneider. Das Buch der verrückten Experimente.
München: Bertelsmann Verlag 2004.

Irvin Yalom. In die Sonne schauen: Wie man die Angst vor
dem Tod überwindet. München: btb Verlag 2008.

Anmerkungen

1 Matthias Horx. Wie wir leben werden. Frankfurt: campus Verlag 2005.

2 Matthias Horx. Wie wir leben werden. Frankfurt: campus Verlag 2005, S. 166.

3 Karlheinz A. Geißler. Zeit – verweile doch. Freiburg: Verlag Herder 2008, S. 15.

4 Daniel Schacter. Aussetzer. Gladbach: Lübbe, S. 26.

5 Matthias Horx. Anleitung zum Zukunftsoptimismus. Frankfurt: campus Verlag 2007, S. 50.

6 Karlheinz A. Geißler. Zeit – verweile doch. S. 26.

7 Philip Zimbardo. »Psychologie heute« Januar 2009, S. 20 ff.

8 Reto U. Schneider. Das Buch der verrückten Experimente. München: Bertelsmann Verlag 2004, S. 203 ff.

9 Gonzales und Zimbardo. Die Zeit, die wir uns nehmen. Tübingen: »Psychologie heute« 7/1985, S. 36.

10 Ilse Plattner. Für einen anderen Umgang mit der Zeit. München: Kösel Verlag 1993, S. 56.

11 Alfred Adler. Menschenkenntnis. Frankfurt: Fischer Bücherei 1966, S. 10.

12 Stephanie Winston. »ORG. Der persönliche Organisationsberater«. A58, 001 ff.

13 siehe auch Cornelia Mack. Endlich frei von Perfektionismus. Holzgerlingen: SCM Hänssler 2006.

14 Arnold Hinz. Psychologie der Zeit, Berlin: Waxmann Verlag 2000, S. 71.

15 Karlheinz Geißler. Zeit – verweile doch. S. 106.

16 Karlheinz Geißler. Zeit – verweile doch.

17 Irvin Yalom. In die Sonne schauen: Wie man die Angst vor dem Tod überwindet. München: btb Verlag 2008.

18 siehe auch Cornelia Mack. Von Zerbrüchen, Umbrüchen und Aufbrüchen. Holzgerlingen: SCM Hänssler 2008.

19 Isaak v. Ninive. de perfectione religiosa. zit. bei
    Régamey, S. 95.
20 Anselm Grün. Fasten. Münsterschwarzach:
    Vier-Türme-Verlag 2006, S. 69.
21 Anselm Grün. Fasten. S. 80.
22 Johanna Lorch. Betern öffnen sich die Türen. Brunnen
    Basel und Gießen, 1986, S. 25.
23 © Sr. Magdalena Rodewald, Adelshofen.